北京地铁小近距叠落隧道施工技术

江　华　杨志勇　左建平　编著

江玉生　主审

中国建筑工业出版社

图书在版编目（CIP）数据

北京地铁小近距叠落隧道施工技术/江华，杨志勇，
左建平编著. —北京：中国建筑工业出版社，2022.3
ISBN 978-7-112-27168-9

Ⅰ. ①北… Ⅱ. ①江… ②杨… ③左… Ⅲ. ①地铁隧
道-隧道施工-北京 Ⅳ.①U231.3

中国版本图书馆 CIP 数据核字（2022）第 040748 号

责任编辑：刘颖超　李静伟
责任校对：赵　菲

北京地铁小近距叠落隧道施工技术

江　华　杨志勇　左建平　编著

江玉生　主审

*

中国建筑工业出版社出版、发行（北京海淀三里河路 9 号）
各地新华书店、建筑书店经销
霸州市顺浩图文科技发展有限公司制版
临西县阅读时光印刷有限公司印刷

*

开本：787 毫米×1092 毫米　1/16　印张：9¾　字数：240 千字
2022 年 3 月第一版　　2022 年 3 月第一次印刷
定价：**80.00** 元
ISBN 978-7-112-27168-9
（38894）

编　委　会

编著人员：江　华　杨志勇　左建平

主审人员：江玉生

参编人员：雷崇红　胡　皓　李元凯　谭　雪　陈　浩
　　　　　　贺文涛　付仁鹏　张亚鹏　张　珂　沈晴云

目　录

第1章 绪 论

1.1 小近距叠落隧道的产生背景

随着北京地铁建设的迅猛发展，在城市的一些老城区或特殊地段，受地面条件的制约〔如道路狭窄、地面建（构）筑物密集，或存有古建筑、古树等〕，即使缩短两条平行隧道的水平间距，也无法满足地铁线路布置要求，只能采用重叠隧道的布置方式，即两条隧道在竖直方向上下布置；这样的布置同时解决了两条或多条地铁线路之间的同站换乘问题，可以预见在北京地区未来的地铁建造过程中，重叠隧道同站换乘这种隧道布置形式将会不断出现，而且盾构法将是这种重叠隧道区间的主要建造工法。采用盾构法建造此类重叠隧道，考虑盾构设备的特殊性，上下隧道间的相互影响更大，施工环境复杂，隧道间土体和地面变形控制要求严格，导致重叠隧道的设计和施工难度很大。因此，小近距长距离重叠隧道盾构设计与施工关键技术的研究对北京地铁建设和城市地下空间开发利用具有重要的指导作用。通过小近距长距离重叠盾构隧道工程关键技术的研究，达到总结经验、指导后续类似工程施工的目的，同时也为后续类似工程的设计提供相关理论依据，本书所讨论的内容对于确保北京地铁 8 号线和 6 号线南锣鼓巷站附近小近距长距离重叠隧道的顺利、安全施工，提高北京地铁盾构施工建设水平具有重要意义。

目前近距离重叠隧道的研究主要集中在两方面：一方面是近距离重叠隧道的设计和施工及其相互影响；另一方面是研究运营期间列车振动荷载对隧道结构的影响。对于重叠盾构隧道的设计施工关键技术并没有进行系统、全面的研究和总结。重叠隧道是北京地铁发展过程中必然会碰到的问题，以北京地铁 6 号线一期和 8 号线二期的工程实践为基础，针对北京地区的施工环境和地质条件，进行小近距长距离重叠盾构隧道设计与施工关键技术研究，形成系统化研究成果，指导今后类似工程的施工，同时也为重叠隧道的设计提供相关依据，这也是北京地铁建设发展的必然要求。本书的研究目的是针对北京地铁 6 号线一期和 8 号线二期在南锣鼓巷站地区的特殊地质、地下与地面环境条件，对近距离重叠盾构隧道的设计优化、施工步序、最小近距、土体应力和位移变形规律、地表沉降规律、隧道变形特点、后行隧道对先行隧道的影响及其保护、重叠盾构隧道施工过程中的关键控制技术等进行系列研究，形成一套适合北京地区特点的小近距长距离重叠隧道设计施工关键技术，确保地铁 6 号线一期和 8 号线二期南锣鼓巷站东西、南北两侧区间重叠隧道顺利、安全施工。

南锣鼓巷站是北京第一座上下叠落同站台换乘车站，是地铁 6 号线和 8 号线的换乘站；受地铁 6 号线和 8 号线两端线路走向、车站西段平安大街南侧教堂和北侧东不压桥遗址的制约，地铁 6 号线和 8 号线两条线路的上下行线均需从仅 40m 的道路红线下穿过，经过对线路纵断面的精心研究，采用两条线路上下叠落的设计，地铁 6 号线和 8 号线的上下行线自身重叠，在车站形成了同站台换乘的条件。考虑到平安大街较大的交通量和市政管线条件复杂，将两座车站布置在道路南北两侧，以 10m 宽的双层通道连接两侧站台，形成了同站台换乘通道平行换乘这一独特站型。该站的隧道叠落效果和站台布置如图 1.1 所示。

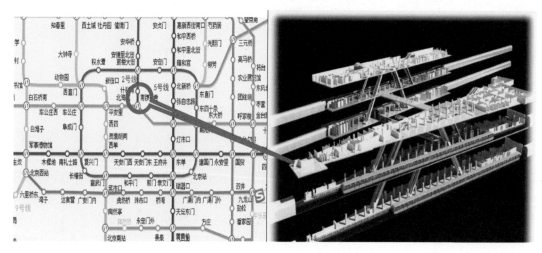

图 1.1 南锣鼓巷站隧道叠落情况

　　近年来随着隧道工程建设的加速发展，在国内外已经出现了许多叠落式、交叠式双孔隧道的工程实例，那么在理论上进一步地探讨双孔隧道最小近距，双孔隧道以何种角度布置最危险等问题就显得尤为重要。

　　本书以南锣鼓巷至东四站之间以及什刹海至南锣鼓巷站隧道施工设计为依托，研究小近距长距离重叠隧道施工的关键技术。南锣鼓巷至东四站段区间隧道以叠落式布置，两隧道垂直间距为 2.2～3.3m，穿越全断面砂卵石地层，从南锣鼓巷站开出时左线位于右线之上，随着地铁向前运行左右线两隧道间距逐渐增大，左线下移右线逐渐上移，最终两隧道并行。首先施工位于下方的右线隧道，在右线盾构区间施工完成之后，开始对位于上方的左线隧道进行施工，在左线盾构区间施工完成之后，封闭盾构井顶板，回填隧道上层覆土。有针对性地开展了任意位置浅埋双孔隧道相互影响的理论研究，并利用 FLAC^{2D} 软件考虑不同间距和不同角度隧道的相互影响。对南锣鼓巷站至东四站区间段进行现场监测，所得结果与数值模拟计算结果进行对比分析。

　　空间任意布置方式下双孔隧道的间距和角度应根据隧道的空间布置方式、工程地质条件、埋置深度、施工方法、施工顺序等因素确定，合适的间距和角度布置能使双孔隧道在施工安全和运营上获得最大的效益。如果选择的间距过大，将会直接导致成本增加，线路变形影响隧道运营，并需要较大的施工区域；如果选择间距过小，虽然建造成本低，所需施工区域小，但由于两隧道之间会产生较大的影响，这会在施工和运营期间发生不可预料的危险。在相同间距工况下，以哪个角度布置时，两隧道之间的相互影响最大，直接关系到建设过程中应特别注意监测的区域及需要提前加强围岩稳定性的区域。因此，通过深入、系统分析以往的研究得到的结论,对解决浅埋任意布置双孔隧道的施工设计面临的难题,确保隧道施工时围岩的稳定性,为有限的地下空间资源的充分开发利用提供了施工技术支持和设计参考值。因此,任意布置浅埋双孔隧道的最优间距和相同工况下最危险布置角度区间的确定,将会在后续的隧道施工建设中创造出巨大的社会、经济效益。

在确定隧道布置以及角度情况时可以利用FLAC³ᴰ针对实际工况进行模拟计算,分析不同深度土体的沉降规律以及隧道变形情况。这里以地铁8号线什刹海—南锣鼓巷为分析对象,区间左右线均为盾构区间,北端连接什刹海站,为岛式车站,车站处左右线间距为15m,行进过程中由于左右线半径不同,线间距逐渐增大,最大线间距约为19m;南端连接南锣鼓巷站,为侧式车站,故区间左右线在什刹海站隧道为平行隧道,临近南锣鼓巷站时逐渐过渡为上下叠落,左上右下,隧道竖向间距为1.95~2.7m。研究不同断面下不同相对位置的隧道周围土体沉降,确定沉降槽宽度、最大沉降值以及隧道应力应变情况,可以对未来的隧道建设提供工程经验。

1.2　小近距叠落隧道研究技术的发展

自1970年以来,日本及欧美等国家已经开始研究双线隧道的施工过程。近年来,我国的学者也开始研究双线隧道施工过程中二者之间的相互影响,在如下三个方面取得一定的成果:(1)开挖隧道的围岩稳定性及应力变形问题;(2)平行布置的双线洞室最优净间距的确定问题;(3)新建隧道的施工对邻近已有隧道(构筑物)所产生的相互作用大小的问题。

虽然国内外有很多小近距平行地铁隧道施工的工程实例,任意布置的双线隧道工程也已出现,但目前对于任意布置双线隧道最优间距、最危险布置角度区间等方面的研究还很少;虽然有了一些具体工程实例的数值模拟分析及现场监测结果分析,但上述问题在理论研究方面尚处于初始阶段。目前国内外对于任意布置浅埋双线隧道这一问题大部分借鉴单线或者双线并行隧道的研究,虽然取得了一些成果,但一般是通过研究双线重叠隧道施工过程中的力学机制得到的,主要研究的是两隧道施工时二者之间的相互影响,即应力、应变的产生对隧道开挖所处围岩稳定性的影响以及由此带来的地表垂直位移的变化规律。借鉴之前学者对任意布置浅埋双线隧道的研究成果,本研究将从理论分析、数值分析、试验研究以及现场实测分析四种方法结合起来对本工程涉及的具体工况进行研究。

1.2.1　小近距叠落隧道理论解析解的发展

城市地铁工程隧道设计施工中的任意布置双孔隧道在力学理论上属于多连通域问题。单孔平面问题(单连通域问题)在理论上已经得到了闭合圆域的精确解。虽然对多连通域问题进行了长期研究,但是依旧没有找到特别简便且有效的求解方法,学者目前仅得到了在无限远处施加应力的无限弹性平面中双孔圆形隧道的解析解。

1934年,Howland通过考虑在圆孔的无限远处施加平行于多圆孔中心连线方向上应力和垂直于圆孔中心连线方向上应力两种情况,得到了特定条件下多圆孔的应力函数。

1948年,Chin-Bing Ling利用双调和函数法针对单、双轴两种受力工况研究了无限平面中的等径双圆孔开挖的弹性问题，得到了两种工况条件下应力场的精确解。

1968 年，V. L. Salerno 和 J. B. Mahoney 利用 Schwarz 交替法（利用逐次逼近分析复杂变量 z 下应力函数的方法）获取在无限板双轴中等应力场下的两个异径圆孔周边应力分布的解决方案。从而求出了两个任意圆孔在双轴等应力下平面弹性问题的应力解，并认为这个解决方案可以用来解决更复杂的孔洞问题。

1985 年，国内学者刘新宇和侯学渊应用复变函数方法对在任意侧压力系数下的弹性地层中双等径平行圆形隧道进行研究分析，最后通过对洞室边界条件的考虑求出其应力分析解。并对两隧道的间距、围岩条件、隧道衬砌等因素进行讨论，得到了最小近距的近似值。

1980 年以来，Ukadgaonkcr（1982），Zimmerman（1988），Ukadgaonker 和 Naik（1991）等开始使用 Schwarz 交替法对双圆孔和两椭圆孔问题进行求解，由于两复应力函数的复杂性而不能完成太多次的迭代，所得结果与精确值有一定差距，但是该方法为后续研究指明了道路。1998 年，张路青等利用 Schwarz 交替法对无限介质中任意布置方式下任意尺寸的双孔进行了仅完成两次迭代计算的研究。

2000 年，张路青在以往研究的基础上，得到了在无限介质中任意布置方式下双线任意次迭代后的解析解。2001 年，张路青等结合复变函数法对多洞室开挖的黏弹性问题进行了系统研究，最后得到在黏弹性工况条件下双洞室开挖问题的解析表达式。

2001 年，C. B. Kooi 采用双极坐标计算了小近距双孔平行隧道的应力场，并用 FLAC^{2D} 和 PLAXIS 两个软件对解决方案的计算结果进行比较，发现两圆孔之间的相互影响确实会导致位移的增加。给出了通过多次变换达到精度要求的过程，但是未能给出位移的表达式。

2005 年，胥润东等通过引入并行双线隧道开挖时在线弹性方程下得出的围岩应力函数，借助弹性力学方法研究计算，提供了通过计算机编程实现计算的并行双孔隧道工程开挖问题的解析方法，并探讨了在小近距条件下两隧道开挖所处围岩的应力特点以及应力与间距大小的关系规律。

2010 年，艾传志等将等效模量当层法引入镜像法原理中，由此通过计算分析得出了上有不同覆盖物浅埋单孔圆形隧道在施工时的地表沉降的分布规律。

2011 年，李镜培等把隧道开挖所处围岩条件假定为 Maxwell 黏弹性模型，使用拉普拉斯数值变换法最终给出了各向异性黏弹性条件下单孔隧道开挖时位移的时变解析解，并对隧道开挖在受各向异性初始应力状况下匀速及加速开挖等因素对围岩的时变位移影响进行了探讨。

2011 年，陈鹏等利用 Schwarz 交替法和复变函数法最终得到浅埋平行三孔隧道围岩位移场的解析解，并通过算例给出了隧道地表沉降与净间距的关系曲线。

经过一系列的推导，得出的通用理论公式和理论模型会采用较多假设条件，与工程实际有一定的差距，所以得到的结果只能对设计施工给出有限的指导，且大部分的理论研究均是针对无限介质中孔洞开挖的弹性问题进行的。目前，城市中施工的地铁工程大多为浅埋隧道，这在力学理论上属于半无限介质中洞室开挖的弹性问题，因此有必要对半无限介质中任意布置双孔洞开挖的弹性问题进行系统的理论分析，用来指导双孔洞隧道的设计与施工，为日渐增多的任意布置双孔隧道工程的开挖提供一定的理论支持。

1.2.2 小近距叠落隧道数值模拟技术的发展

电子计算机的快速发展和广泛应用，使两隧道开挖施工过程的数值模拟技术得以迅速发展和普遍应用。目前，许多研究者均开始利用 FLAC、ANSYS、ALGOR、DDA 等不同数值模拟方法研究解决各种空间中的多连通域问题。对比其他的研究方法，利用数值模拟研究分析具有更贴近工程实际、用时短更方便、花钱更少等优势。如：数值模拟可以模拟复杂的地形，可以模拟隧道整个施工过程，与模型试验相比效果更好，所需经费开支更少。

1977 年，Ghaboussi 和 Ranken 通过对有限元数值模拟软件模拟计算所得的大量结果进行分析，得出两相邻并行隧道开挖施工仅在一个比较小的区域对围岩的应力分布、隧道的位移沉降以及隧道衬砌的内力等产生相互影响，同时随着中间岩柱体宽度的增加，两隧道之间的相互影响会随之减小。

1993 年，Soliman，H. duddeckS，Ahrens 等通过建立间距为 r 和 $0.5r$ 两种情况下并行双圆孔隧道的二维、三维有限元数值模型，并通过对盾构施工和开挖后加喷混凝土进行支护的双孔洞隧道的先后开挖次序进行模拟，得到可以利用单孔隧道解析解的简单叠加值近似为双孔隧道工况下的解。

1999 年，唐仪兴等通过使用平面黏弹塑性有限元数值模拟法对小近距双孔隧道的开挖与支护过程进行数值模拟，对小近距双孔隧道开挖所处的围岩及所使用衬砌结构的所受应力、变形状况及塑性区、受拉应力区的演化状况进行分析对比，并由此评价了围岩支护体系稳定性的优劣。

2000 年，郑余朝等综合利用多个模拟软件对深圳某地铁工程中的双孔交叠隧道的施工过程进行了数值模拟分析。先使用 FLAC^{2D} 进行模拟计算，以计算得出的结论作为下一步的指导，再利用 ANSYS 软件进行三维状态下隧道施工的动态模拟，后开挖孔洞的应力、位移及地表沉降规律受到已开挖孔洞的影响；通过考虑围岩类别、间距及相互位置等对双孔隧道影响比较大的因素进行模拟，对其结果进行分析得出了针对此种工况的结论。

2002 年，陈先国等利用 ANSYS 对近距离双孔并行隧道开挖相互影响因素（间距、围岩级别、开挖方式、支护方式等）进行了分析，得出了对应工况下地表沉降的变化规律。

2004 年，林志用三维弹塑性有限元的模型，针对上海越江隧道工程建设中平行小近距盾构隧道和重叠盾构隧道等工况进行了详细研究。研究结果表明：对双孔隧道相互作用产生影响大小的因素排序依次为隧道间距、地层损失率、土体弹性模量，而隧道埋置深度对双孔隧道产生的影响较小。

2006 年，王伟等利用 Marc 有限元数值模拟软件，对实际工程中两隧道的直径、间距、布置位置、土质参数、开挖次序、支护方式等数据进行统计，针对平行小近距双孔隧道和任意位置方式下小近距双孔隧道等工况建立有限元三维弹塑性模型，同时研究了新建隧道施工与已建隧道二者之间的相互影响情况，并依此得出了未来双孔隧道施工建设时最小近距的建议值。

2006 年，李云鹏等对三孔洞小近距隧道的施工开挖过程进行了数值模拟分析，主要考虑了围岩级别这一因素，得出此工况下围岩的破坏特征和变形规律，通过对比最后得出了三孔洞隧道施工建设时最小近距的参考值。

2008 年，张兆杰通过结合实际工程的施工开挖，借助其各种施工参数进行该种工况下的弹塑性数值模拟，并将模拟结果与现场实测结果进行分析对比，得出超大跨度隧道的失稳模式和普通双孔隧道有较大区别这一结论。

2010 年，王铁男结合实际工程的施工开挖工况及参数，用 FLAC 软件对其进行模拟，通过对数值模拟计算的结果进行分析，得出了隧道位移变形、应力云图及等值线，再结合现场监测以及实测资料，证明其所得结论可为后续类似工程的施工提供参考。

2011 年，朱莉、张军、黄生文、黄焰焰利用有限差分软件 FLAC^{3D} 建立在 V 级围岩条件下的小近距双孔隧道的弹塑性数值模型，对小近距双孔隧道在不同间距工况下得到的计算结果进行分析，得到了其塑性区的分布特点与地表沉降变化规律，通过比较分析数值模拟计算所得结果与现场实测数据，得出了对隧道设计施工具有很大参考价值的间距优化值。

1998 年，曾小清等在国内外对单连通域半解析数值法研究的基础上综合利用数学、力学理论方法进行研究计算，通过构造合理解析函数实现了对多连通域之间相互作用问题的半解析化数值模拟。

现在国内外对任意布置浅埋双孔隧道施工的数值模拟文献很少，只能通过参考对现有并行双孔隧道施工的数值模拟研究所得的结果。由于任意布置浅埋双孔隧道施工时两隧道之间的相互影响复杂，对其产生影响的因素较多，且以上研究文献仅针对某个具体的实际工程或是单个影响因素进行了模拟分析，因此应针对任意布置浅埋双孔隧道施工的力学行为进行全面而系统的数值模拟分析，针对不同围岩、不同间距、不同埋深、不同相互位置等因素进行研究，从而得出结论，用以指导现实地铁工程中出现的越来越多的复杂工况，对类似隧道工程的施工设计提供参考值。

1.2.3 小近距叠落隧道试验研究技术的发展

试验研究作为一种科学的研究手段，对工程的指导发挥着重要作用，可以让人们对实际工程的施工建设由理论上升到感性认识。在理论分析、数值分析结合现场实测的基础上，进行一定的模型试验是很有必要的。但因为模型尺寸小或者试件受到扰动影响，难以达到与现实工况一样逼真的效果。

1981 年，Kimura 和 Mair 等利用离心机模型试验针对伦敦地铁工程在几种不同地层中施工修建时的地表沉降设计参数，得到了该地层状况下地表产生水平位移的计算公式。

1983 年，Mair 和 Gunn 综合利用有限元数值模拟法与离心试验，对浅埋双孔隧道施工所产生的地表沉降变化规律进行了分析。认为地表沉降的变化规律与黏土的基本特性有关，不同埋置深度的两条隧道会产生相差很大的地表沉降。

1988 年，朱敬民等用试验研究了双孔隧道二者之间相互影响的问题，得出如下结论：隧道开挖时对围岩产生扰动的范围为一椭圆形区域，破坏开始于抵抗变形最弱的位置并会受到变形的影响。

1988 年，Wu 等利用离心试验对黏土这一工况中的单、双隧道施工产生位移的原因进行了研究，得到如下结论：随着隧道埋深的不断增加，隧道的稳定性增大；两隧道间距越小，二者相互影响越大，可以通过两条单孔地表产生沉降曲线的简单叠加得到双孔隧道的地面沉降曲线。

1993 年，Adachi 等通过利用二维 1g 模型试验研究了在砂土工况条件下进行施工建设时浅埋双孔隧道二者之间的相互影响。通过研究结果发现：隧道的埋置深度与两隧道间距的比值是一个对双孔隧道相互影响的分析很有价值的参数。

1996～2006 年，Kim 综合应用模型试验和有限元计算两种方法重点研究了间距因素对双孔隧道在施工中的相互影响的大小，当两隧道间距大于 2D（D 为隧道直径）时，两隧道之间的相互影响小。

2002 年，王明年等研究了在软弱围岩工况下浅埋小近距三孔洞隧道的地表沉降变化规律。得出如下结论：间距、开挖进度都会对隧道的地表沉降、围岩压力和洞周位移产生影响，并提出了合适的解决措施。

2005 年，李围等根据具体实际工程施工过程中取得的各种计算参数，采用三维相似模型试验与有限元相结合的方法研究了任意布置的浅埋双孔隧道之间的相互影响。根据试验及模拟分析的结果得出如下结论：盾构隧道施工时仅对周围土体产生很小的扰动作用，地表沉降很小，不会破坏已有路面的结构。

2006 年，林刚以深圳地铁 3 号线为背景，采用数值模拟分别对重叠地铁隧道在地表有无建筑物两种情况进行模拟分析，结果发现：在地表没有构筑物的工况下，应先施工上孔洞，然后再施工下孔洞。而在地表有构筑物的工况下不利于施工的进行，现场最终选择了先施工下洞、后施工上洞的最佳顺序。

2006 年，李崇正等综合利用模型试验和数值模拟研究了在软黏土工况中单、双孔隧道的开挖所引起的土拱效应、隧道稳定性和地表沉降。

2010 年，凌昊采用室内离心模型试验对小近距双孔盾构隧道进行了研究，分析了衬砌结构横向内力随盾构逐渐推进的距离和双孔隧道相对位置而变化的规律。实验结果表明：小近距双孔以盾构法进行施工的隧道会导致支护结构在拱顶、拱底内侧、左右拱腰外侧等部位受拉应力，整个结构均受压应力，同时在拱底会出现比较大的弯矩，而拱顶和拱底处所受的轴力较小。已建隧道的结构内力基本呈对称分布，但是双孔隧道结构内力将随两者相对位置的变化而变化；新隧道施工会对已建隧道的结构产生比较大的影响，针对这一结论在该工况下隧道的设计施工中应采取加强措施。

1.2.4　小近距叠落隧道现场测试技术的发展

现场测试能比较准确地反映出不同工况下隧道施工现场的实际问题，并且有针对性。由于现场检测需要投入较大经费，故不能大面积推广使用，但是已测数据及分析结论对以后类似工况隧道工程的施工设计具有一定的参考和指导意义。

2002 年，孙钧等通过对上海明珠线隧道工程施工的现场测试结果进行分析后发现，得出了在隧道盾构正常推进情况下浅层土体与深层土体的沉降趋势是一致的结论。

2009 年，王春国等通过分析浅埋双孔隧道开挖施工的现场监测数据得出结论：对施工现场进行监测是为了保证隧道施工和围岩结构稳定，确保施工安全有序进行，并由此预测隧道达到最终沉降所需的时间。

2010 年，姚勇通过对紫坪埔隧道工程小净距施工段的支护内力、围岩所受压力、围岩产生位移及地表产生沉降值等项目进行现场监测，结果表明：（1）后挖洞对先挖洞的围岩及结构均产生随围岩级别不同而不同的影响；（2）施工过程中应加强对中岩墙的应力、位移的监控量测。

1.3 小近距叠落隧道面临的技术难题

小近距隧道设计施工主要存在于城市的老城区或一些特殊地段，如道路狭窄、地面建（构）筑物密集，或存有古建筑、古树等，在施工建设时周围的具体地质、地面环境条件都极为苛刻，同时施工期间对隧道变形、地表变形控制要求极其严格。因此综合具体地质条件、地面环境条件、小近距长距离重叠盾构隧道的重叠度、施工步序、最小近距、地表变形规律、隧道变形规律、后行隧道对先行隧道的动态响应、重叠盾构隧道施工过程中的控制技术等因素的影响，形成一套适合具体地层和环境条件特点的小近距长距离重叠隧道施工关键技术，确保重叠隧道顺利、安全施工是目前面临的最重要的技术难题。

本书采用理论研究、室内试验、现场监测和工程实践相结合的综合研究方法开展研究工作。采用理论分析和数值模拟等方法，针对小近距长距离重叠盾构隧道的特点，在隧道重叠度划分的基础上研究隧道合理施工步序、最小近距、隧道施工动态响应及其相互影响等。现场监测与工程实践研究主要是对近距离重叠盾构隧道施工相互影响和隧道变形规律进行监测，根据监测结果分析隧道的变形受力状况，并与理论分析结果进行对比，分析得出小近距长距离重叠盾构隧道的变形及其动态响应规律。最终形成一套适合具体地层和环境条件特点的小近距长距离重叠隧道施工关键技术。

第2章 小近距双孔叠落隧道岩土变形破坏试验

2.1 土样选取

从北京地铁 6 号线不同段按照颗粒大小不同取出不同土体样品，进行颗粒筛分试验，得到级配曲线后，按其大小分为粗粒土、砂土、粉土三类，如图 2.1 所示。

 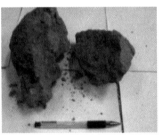 

(a)粗粒土　　　　　　　　　(b)粉土　　　　　　　　　(c)砂土

图 2.1　样本土体

将取出的土体按粉土、砂土、粗粒土进行分类，然后将每种土按三种状态（天然，饱水，干燥）分别进行压缩、剪切等土工测试，确定各种土的本构关系及相关力学性能，对比得出不同种类土在不同状态下的受力变化异同，如图 2.2～图 2.4 所示。表 2.1 和表 2.2 具体展示了土粒颗分和土粒构成。

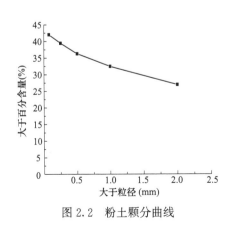

图 2.2　粉土颗分曲线

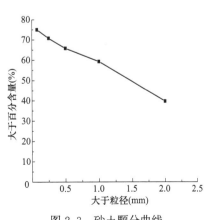

图 2.3　砂土颗分曲线

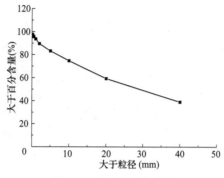

图 2.4　碎石土颗分曲线

土粒颗分
表 2.1

粉土颗分取试样 300g				
	大于孔径(mm)	质量(g)	百分含量(%)	大于百分含量(%)
1	2	81	27.0	27.0
2	1	16.5	5.5	32.5
3	0.5	11.4	3.8	36.3
4	0.25	9.5	3.2	39.5
剩余		174	58.0	
砂土颗分取试样 300g				
	大于孔径(mm)	质量(g)	百分含量(%)	大于百分含量(%)
1	2	119.2	39.7	39.7
2	1	58.7	19.6	59.3
3	0.5	19.5	6.5	65.8
4	0.25	14.9	5.0	70.8
剩余		75.1	25.0	
碎石土颗分取试样 3000g				
	大于孔径(mm)	质量(g)	百分含量(%)	大于百分含量(%)
1	40	1170.6	39.0	39.0
2	20	606.2	20.2	59.2
3	10	461.3	15.4	74.6
4	5	254.5	8.5	83.1
5	2	194.2	6.5	89.6
6	1	121.7	4.1	93.6
7	0.5	59.5	2.0	95.6
8	0.25	34.9	1.2	96.8
9	0.075	27.7	0.9	97.7
剩余		70.1	2.3	

土粒构成 表2.2

粒组划分				主要特征
粗粒土	砾石	粗	20～60mm	无黏性,透水性很大,不能保持水分;毛细管上升高度很小
		中	5～20mm	
		细	2～5mm	
	砂粒	粗	0.5～2mm	无黏性,易透水,有一定毛细管上升高度
		中	0.25～0.5mm	
		细	0.10～0.25mm	
		极细	0.005～0.10mm	
细粒土	粉粒		0.005～0.05mm	湿时有微黏性,透水性小;毛细管上升高度较大
	黏粒		<0.005mm	有黏性和可塑性,透水性极微,其性质随含水量变化有较大变化
	胶粒		>0.002mm	

在压缩试验中,首先将粉土和砂土分别按三种(饱水,天然,干燥)含水量不同的状态将土样加工成高100mm,直径50m的试样,如图2.5～图2.8所示。分别进行压缩,并提取应力-应变曲线。

在剪切试验中也是将粗粒土按三种(饱水,天然,干燥)含水量不同的状态进行土体分类,而后放入剪切仪中,测定应力-应变曲线,如图2.9、图2.10所示。

图2.5 固结试验的制样及试验过程

图2.6 三轴压缩试验制样过程

图 2.7　粉土（干燥状态）　　　　　　　　图 2.8　砂土（干燥状态）

图 2.9　粗粒土天然状态直接剪切试验

图 2.10　粗粒土饱水状态直接剪切试验

2.2　不同饱和状态岩土体的变形破坏分析

2.2.1　粉土不同状态变形破坏

在图 2.11 中粉土处于饱水状态，围压为 100kPa 时，开始阶段，$\Delta\sigma_1$ 较小时应变不大，整个试件的体积略微缩小。这一现象表明在这个阶段，土粒被挤压得更紧密，且没有太大的侧向变形。$\Delta\sigma_1$ 再增大之后（偏差应力大于 50kPa 时），试件便进入屈服阶段，竖向应变逐渐增大。试件体积开始膨胀，表现为竖向压缩而侧向向外鼓出，其应力-应变曲线的峰值并不十分明显，偏差应力基本上随应变的增加（偏差应力超过 150kPa 后）而趋于稳定，达到最大值（162kPa）。受力后主要是体积压缩，密度增加有时随着应变增大会出现一些侧向膨胀，使体积有一定程度的恢复。在粉土处于饱水状态，围压为 200kPa 时，开始阶段与围压为 100kPa 的情况相类似，$\Delta\sigma_1$ 较小时应变不大，整个试件的体积略微缩小。在这个阶段，土粒被挤压而变得紧密，其所产生的侧向变形并不明显，$\Delta\sigma_1$ 再增大之后（试验中偏差应力大于 150kPa），试件便进入屈服阶段，竖向应变逐渐增大。试件体积开始膨胀，表现为竖向压缩而侧向向外鼓出，$\Delta\sigma_1$ 达到一定峰值之后（偏差应力为 391.559kPa），由于应变已经变大，土的结构松弛，偏差应力无法继续上升，反而开始下降，逐渐趋于某一稳定值。这时，竖向应变 ε_1 和体积应变 ε_Θ 都已很大，试件进入破坏阶段。由此可见，在围压 $\Delta\sigma_3$ 保持不变的条件下，随着竖向压力的增大，土的模量不是增大而是减小了，应变增长率逐渐加大，土样由屈服阶段进入破坏阶段。而在粉土处于饱水状态，围压为 300kPa 时，开始阶段 $\Delta\sigma_1$ 较小时应变不大，整个试件相较之前两种围压状态的体积缩小更为微小。在这个阶段，土粒被挤压而变得紧密，其所产生的侧向变形并不明显，$\Delta\sigma_1$ 再增大之后（试验中偏差应力大于 100kPa），试件便进入屈服阶段，竖向应变逐渐增大。试件体积开始膨胀，表现为竖向压缩而侧向向外鼓出，$\Delta\sigma_1$ 达到一定峰值之后（试验中偏差应力为 461.254kPa），由于应变已经变大，土的结构松弛，偏差应力无法继续上升，反而开始下降，逐渐趋于某一稳定值。这时，竖向应变 ε_1 和体积应变 ε_Θ 都已很大，试件进入破坏阶段。

　　将粉土处于饱水状态时的三种围压情况作对比不难发现（图 2.12），在围压较小时，试样破坏时的峰值并不明显，随着围压增大破坏时的峰值越发明显，并且随着围压增大试样的受力屈服极限显著增加。

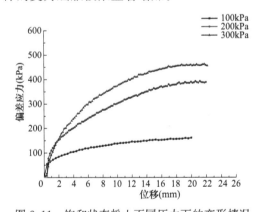

图 2.11　饱和状态粉土不同压力下的变形情况

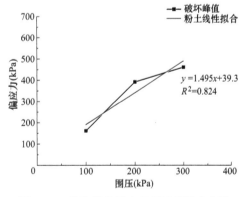

图 2.12　饱和状态粉土破坏峰值拟合曲线

　　由图 2.12 可以清晰地看到土体处于饱水状态时其破坏峰值随着围压的增大而增大，将土体在 100kPa、200kPa、300kPa 下的压缩破坏峰值拟合成一条直线 $y=ax+b$，此直线斜率大小为 1.495，截距为 39.34kPa。我们可以将此直线视为适用于摩尔-库仑准则的破坏曲线 $\tau=\sigma\tan\varphi+c$，经换算后可知黏聚力 $c=39.3$kPa，内摩擦角 $\varphi=56.2°$。

在图 2.13 中粉土处于干燥状态，围压为 100kPa 时，开始阶段 $\Delta\sigma_1$ 较小时应变不大，整个试件的体积略微缩小。这一现象表明在这个阶段，土粒被挤压的更紧密，且没有太大的侧向变形。随着 $\Delta\sigma_1$ 不断增大（偏差应力大于 50kPa），试件便进入屈服阶段，竖向应变逐渐增大。试件体积开始膨胀，表现为竖向压缩而侧向向外鼓出，$\Delta\sigma_1$ 达峰值之后（试验中偏差应力为 460.112kPa），由于应变已经变大，土的结构松弛，偏差应力无法继续上升，反而开始下降，逐渐趋于某一稳定值。这时，竖向应变 ε_1 和体积应变 ε_Θ 都已很大，试件进入破坏阶段，其应力-应变曲线的峰值十分明显。在粉土处于干燥状态，围压为 200kPa 时，开始阶段与围压为 100kPa 的情况相类似，$\Delta\sigma_1$ 较小时应变不大，整个试件的体积略微缩小。在这个阶段，土粒被挤压而变得紧密，其所产生的侧向变形并不明显，$\Delta\sigma_1$ 再增大之后（试验中偏差应力大于 50kPa），试件便进入屈服阶段，竖向应变逐渐增大。试件体积开始膨胀，表现为竖向压缩而侧向向外鼓出，$\Delta\sigma_1$ 达到一定峰值之后（偏差应力为 630.054kPa），由于应变已经变大，土的结构松弛，偏差应力无法继续上升，反而开始下降，逐渐趋于某一稳定值。这时，竖向应变 ε_1 和体积应变 ε_Θ 都已很大，试件进入破坏阶段。由此可见，在围压 $\Delta\sigma_3$ 保持不变的条件下，随着竖向压力的增大，土的模量不是增大而是减小了，应变增长率逐渐加大，土样由屈服进入破坏阶段。而在粉土处于干燥状态，围压为 300kPa 时，开始阶段 $\Delta\sigma_1$ 较小时应变不大，整个试件相较之前两种围压状态的体积缩小更为微小。在这个阶段，土粒被挤压而变得紧密，其所产生的侧向变形并不明显，$\Delta\sigma_1$ 再增大之后（试验中偏差应力大于 100kPa），试件便进入屈服阶段，竖向应变逐渐增大。试件体积开始膨胀，表现为竖向压缩而侧向向外鼓出，$\Delta\sigma_1$ 达到一定峰值之后（试验中偏差应力为 725.123kPa 时），由于应变已经变大，土的结构松弛，偏差应力无法继续上升，反而开始下降，逐渐趋于某一稳定值。这时，竖向应变 ε_1 和体积应变 ε_Θ 都已很大，试件进入破坏阶段。

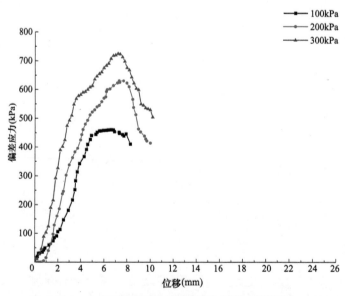

图 2.13　干燥状态粉土不同压力下的变形情况

将粉土处于干燥状态时的三种围压情况作对比不难发现（图 2.14），不论围压大小，试样破坏时的峰值十分明显，随着围压增大破坏时的峰值越发明显，并且随着围压增大试样的受力屈服极限显著增加。

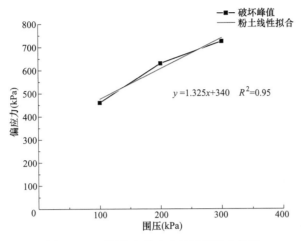

图 2.14　干燥状态粉土破坏峰值拟合曲线

由图 2.14 可以清晰地看到土体处于干燥状态时其破坏峰值随着围压的增大而增大，将土体在 100kPa、200kPa、300kPa 下的压缩破坏峰值拟合成一条直线 $y=ax+b$，此直线斜率大小为 1.325，截距为 340kPa。我们可以将此直线视为适用于摩尔-库仑准则的破坏曲线 $\tau=\sigma\tan\varphi+c$ 经换算后可知黏聚力 $c=340$kPa，内摩擦角 $\varphi=53°$。

在图 2.15 中粉土处于天然状态（含水率为 15%），围压为 100kPa 时，开始阶段 $\Delta\sigma_1$ 较小时应变不大，整个试件的体积略微缩小。这一现象表明在这个阶段，土粒被挤压得更紧密，且没有太大的侧向变形。$\Delta\sigma_1$ 再大之后（偏差应力大于 50kPa），试件便进入屈服阶段，竖向应变逐渐增大。试件体积开始膨胀，表现为竖向压缩而侧向向外鼓出，其应力-应变曲线的峰值并不十分明显，偏差应力基本上随应变的增加（偏差应力超过 192kPa 后）而趋于稳定，达到最大值。受力后主要是体积压缩，密度增加有时随着应变增大会出现一些侧向膨胀，使体积有一定程度的恢复。在粉土处于天然状态，围压为 200kPa 时，

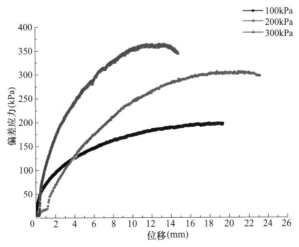

图 2.15　天然状态粉土不同压力下的变形情况

开始阶段与围压为 100kPa 的情况相类似，$\Delta\sigma_1$ 较小时应变不大，整个试件的体积略微缩小。在这个阶段，土粒被挤压而变得紧密，其所产生的侧向变形并不明显，$\Delta\sigma_1$ 再增大之后（试验中偏差应力大于 50kPa），试件便进入屈服阶段，竖向应变逐渐增大。试件体积开始膨胀，表现为竖向压缩而侧向向外鼓出，$\Delta\sigma_1$ 达到一定峰值之后（偏差应力为 284kPa），由于应变已经变大，土的结构松弛，偏差应力无法继续上升，反而开始下降，逐渐趋于某一稳定值。这时，竖向应变 ε_1 和体积应变 $\varepsilon_\ominus$ 都已很大，试件进入破坏阶段。由此可见，在围压 $\Delta\sigma_3$ 保持不变的条件下，随着竖向压力的增大，土的模量不是增大而是减小了，应变增长率逐渐加大，土样由屈服阶段进入破坏阶段。而在粉土处于天然状态，围压为 300kPa 时，开始阶段 $\Delta\sigma_1$ 较小时应变不大，整个试件相较之前两种围压状态的体积缩小更为微小。在这个阶段，土粒被挤压而变得紧密，其所产生的侧向变形并不明显，$\Delta\sigma_1$ 再增大之后（试验中偏差应力大于 100kPa），试件便进入屈服阶段，竖向应变逐渐增大。试件体积开始膨胀，表现为竖向压缩而侧向向外鼓出，$\Delta\sigma_1$ 达到一定峰值之后（试验中偏差应力为 362kPa），由于应变已经变大，土的结构松弛，偏差应力无法继续上升，反而开始下降，逐渐趋于某一稳定值。这时，竖向应变 ε_1 和体积应变 $\varepsilon_\ominus$ 都已很大，试件进入破坏阶段。将粉土处于天然状态时的三种围压情况作对比不难发现（图 2.16），在围压较小时，试样破坏时的峰值并不明显，随着围压增大，破坏时的峰值越发明显，并且随着围压增大试样的受力屈服极限显著增加。

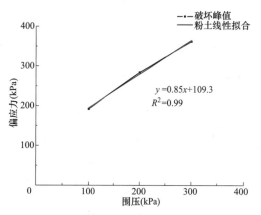

图 2.16　天然状态粉土破坏峰值拟合曲线

由图 2.16 可以清晰地看到土体处于天然状态时其破坏的峰值随着围压的增大而增大，将土体在 100kPa、200kPa、300kPa 下的压缩破坏峰值拟合成一条直线 $y = ax + b$，此直线斜率大小为 0.85，截距为 109.3kPa。我们可以将此直线视为适用于摩尔-库仑准则的破坏曲线 $\tau = \sigma\tan\varphi + c$ 经换算后可知黏聚力 $c = 109.3$kPa，内摩擦角 $\varphi = 40.4°$。

通过以上对粉土三种状态（饱水、干燥、天然状态）的对比分析不难发现，随着围压的增大（100kPa、200kPa、300kPa），粉土在压缩破坏时峰值有较大的增幅，其抗压缩性能有明显的提高。

2.2.2　砂土不同状态变形破坏

在图 2.17 中砂土处于饱水状态，围压为 100kPa 时，随着 $\Delta\sigma_1$ 增大，试件便进入屈服阶段，竖向应变逐渐增大。试件体积开始膨胀，表现为竖向压缩而侧向向外鼓出，$\Delta\sigma_1$ 达到一定峰值之后（偏差应力为 257.433kPa），由于应变已经变大，土的结构松弛，偏差应力无法继续上升，反而开始下降，逐渐趋于某一稳定值。其应力-应变曲线的峰值并不十分明显，偏差应力基本上随应变的增加（偏差应力超过 257.433kPa 后）而趋于稳定，达到最大值。在砂土处于饱水状态，围压为 200kPa 时，开始阶段 $\Delta\sigma_1$ 较小时应变不大，

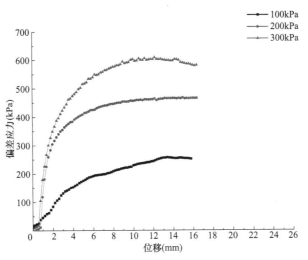

图 2.17　饱和状态砂土不同压力下的变形情况

整个试件的体积略微缩小。在这个阶段，土粒被挤压而变得紧密，其所产生的侧向变形并不明显，$\Delta\sigma_1$ 再增大之后（试验中偏差应力大于 300kPa），试件便进入屈服阶段，竖向应变逐渐增大。试件体积开始膨胀，表现为竖向压缩而侧向向外鼓出，$\Delta\sigma_1$ 达到一定峰值之后（偏差应力为 467.654kPa），由于应变已经变大，土的结构松弛，偏差应力无法继续上升，反而开始下降，逐渐趋于某一稳定值。这时，竖向应变 ε_1 和体积应变 ε_Θ 都已很大，试件进入破坏阶段。其应力-应变曲线的峰值与围压为 100kPa 时相似，并不十分明显，偏差应力基本上随应变的增加（偏差应力超过 257.433kPa 后）而趋于稳定，达到最大值。由此可见，在围压 $\Delta\sigma_3$ 保持不变的条件下，随着竖向压力的增大，土的模量不是增大而是减小了，应变增长率逐渐加大，土样由屈服进入破坏阶段。而在砂土处于饱水状态，围压为 300kPa 时，开始阶段 $\Delta\sigma_1$ 较小时应变不大，整个试件相较之前两种围压状态的体积缩小更为微小。在这个阶段，土粒被挤压而变得紧密，其所产生的侧向变形并不明显，$\Delta\sigma_1$ 再增大之后（试验中偏差应力大于 300kPa），试件便进入屈服阶段，竖向应变逐渐增大。试件体积开始膨胀，表现为竖向压缩而侧向向外鼓出，$\Delta\sigma_1$ 达到一定峰值之后（试验中偏差应力为 609.966kPa），由于应变已经变大，土的结构松弛，偏差应力无法继续上升，反而开始下降，逐渐趋于某一稳定值。这时，竖向应变 ε_1 和体积应变 ε_Θ 都已很大，试件进入破坏阶段。

　　将砂土处于饱水状态时的三种围压情况作对比不难发现（图 2.18），在围压较小时，试样破坏时的峰值并不明显，随着围压增大破坏时的峰值越发明显，并且随着围压增大，试样的受力屈服极限显著增加。

　　由图 2.18 可以清晰地看到土体处于饱水状态时其破坏峰值随着围压的增大而增大，将土体在 100kPa、200kPa、300kPa 下的压

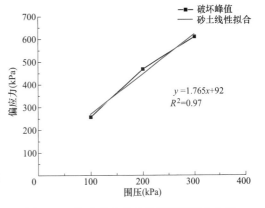

图 2.18　饱和状态砂土破坏峰值拟合曲线

缩破坏峰值拟合成一条直线 $y=ax+b$，此直线斜率大小为 1.765，截距为 92kPa。我们可以将此直线视为适用于摩尔-库仑准则的破坏曲线 $\tau=\sigma\tan\varphi+c$，经换算后可知黏聚力 $c=92$kPa，内摩擦角 $\varphi=60.5°$。

在图 2.19 中砂土处于干燥状态，围压为 100kPa 时，在砂土处于饱水状态，围压为 100kPa 时（由黑色线段所表示），开始阶段，$\Delta\sigma_1$ 较小时应变不大，整个试件的体积略微缩小。这一现象表明在这个阶段，土粒被挤压得更紧密，且没有太大的侧向变形。$\Delta\sigma_1$ 再大之后（偏差应力大于 600kPa），试件便进入屈服阶段，竖向应变逐渐增大。试件体积开始膨胀，表现为竖向压缩而侧向向外鼓出，$\Delta\sigma_1$ 达到一定峰值之后（试验中偏差应力为 765.988kPa），由于应变已经变大，土的结构松弛，偏差应力无法继续上升，反而开始下降，逐渐趋于某一稳定值。这时，竖向应变 ε_1 和体积应变 ε_Θ 都已很大，试件进入破坏阶段，其应力-应变曲线的峰值十分明显。在砂土处于干燥状态，围压为 200kPa 时，开始阶段与围压为 100kPa 的情况相类似，$\Delta\sigma_1$ 较小时应变不大，整个试件的体积略微缩小。在这个阶段，土粒被挤压而变得紧密，其所产生的侧向变形并不明显，$\Delta\sigma_1$ 再增大之后（试验中偏差应力大于 200kPa），试件便进入屈服阶段，竖向应变逐渐增大。试件体积开始膨胀，表现为竖向压缩而侧向向外鼓出，$\Delta\sigma_1$ 达到一定峰值之后（试验中偏差应力为 880.024kPa），由于应变已经变大，土的结构松弛，偏差应力无法继续上升，反而开始下降，逐渐趋于某一稳定值。这时，竖向应变 ε_1 和体积应变 ε_Θ 都已很大，试件进入破坏阶段。由此可见，在围压 $\Delta\sigma_3$ 保持不变的条件下，随着竖向压力的增大，土的模量不是增大而是减小了，应变增长率逐渐加大，土样由屈服阶段进入破坏阶段。而在砂土处于干燥状态，围压为 300kPa 时，开始阶段 $\Delta\sigma_1$ 较小时应变不大，整个试件相较之前两种围压状态的体积缩小更为微小。在这个阶段，土粒被挤压而变得紧密，其所产生的侧向变形并不明显，$\Delta\sigma_1$ 再增大之后（试验中偏差应力大于 200kPa），试件便进入屈服阶段，竖向应变逐渐增大。试件体积开始膨胀，表现为竖向压缩而侧向向外鼓出，$\Delta\sigma_1$ 达到一定峰值之后（试验中偏差应力为 1099.837kPa），由于应变已经变大，土的结构松弛，偏差应力无法继

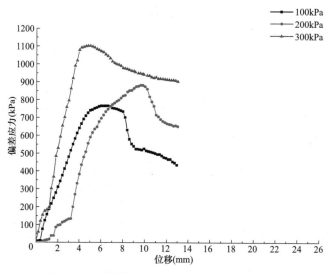

图 2.19　干燥状态砂土不同压力下的变形情况

续上升，反而开始下降，逐渐趋于某一稳定值。这时，竖向应变 ε_1 和体积应变 ε_Θ 都已很大，试件进入破坏阶段。

将砂土处于干燥状态时的三种围压情况作对比不难发现（图 2.20），不论围压大小，试样破坏时的峰值都十分明显，随着围压增大破坏时的峰值越发明显，并且随着围压增大试样的受力屈服极限显著增加。

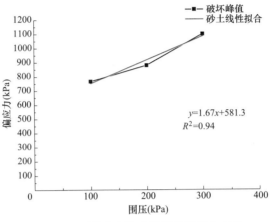

图 2.20　干燥状态砂土破坏峰值拟合曲线

由图 2.20 可以清晰地看到土体处于干燥状态时，其破坏峰值随着围压的增大而增大，将土体在 100kPa、200kPa、300kPa 下的压缩破坏峰值拟合成一条直线 $y = ax + b$，此直线斜率大小为 1.67，截距为 581.3kPa。我们可以将此直线视为适用于摩尔-库仑准则的破坏曲线 $\tau = \sigma\tan\varphi + c$ 经换算后可知黏聚力 $c = 581.3$kPa，内摩擦角 $\varphi = 59.1°$。

在图 2.21 中砂土处于天然状态，围压为 100kPa 时，开始阶段 $\Delta\sigma_1$ 较小时应变不大，整个试件的体积略微缩小。这一现象表明在这个阶段，土粒主要是被挤压得更紧密，而没有多大的侧向变形。$\Delta\sigma_1$ 再大之后（偏差应力大于 50kPa），试件便进入屈服阶段，竖向

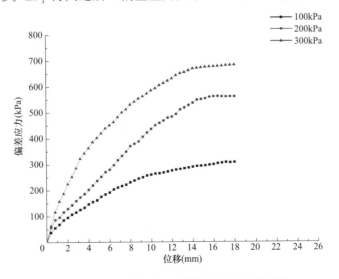

图 2.21　天然状态砂土不同压力下的变形情况

应变逐渐增大。试件体积开始膨胀，表现为竖向压缩而侧向向外鼓出，其应力-应变曲线的峰值并不十分明显，偏差应力基本上随应变的增加（偏差应力超过 294.615kPa 后）而趋于稳定，达到最大值。受力后试件主要变化为体积压缩，密度增加，有时随着应变增大会出现一些侧向膨胀，使体积有一定程度的恢复。在砂土处于天然状态，围压为 200kPa 时，开始阶段与围压为 100kPa 的情况相类似，$\Delta\sigma_1$ 较小时应变不大，整个试件的体积略微缩小。在这个阶段，土粒被挤压而变得紧密，其所产生的侧向变形并不明显，$\Delta\sigma_1$ 再增大之后（试验中偏差应力大于 100kPa），试件便进入屈服阶段，竖向应变逐渐增大。试件体积开始膨胀，表现为竖向压缩而侧向向外鼓出，$\Delta\sigma_1$ 达到一定峰值之后（偏差应力为 552kPa），由于应变已经变大，土的结构松弛，偏差应力无法继续上升，反而开始下降，逐渐趋于某一稳定值。这时竖向应变 ε_1 和体积应变 ε_Θ 都已很大，试件进入破坏阶段。由此可见，在围压 $\Delta\sigma_3$ 保持不变的条件下，随着竖向压力的增大，土的模量不是增大而是减小了，应变增长率逐渐加大，土样由屈服阶段进入破坏阶段。而在砂土处于天然状态，围压为 300kPa 时，开始阶段 $\Delta\sigma_1$ 较小时应变不大，整个试件相较之前两种围压状态的体积缩小更为微小。在这个阶段，土粒被挤压而变得紧密，其所产生的侧向变形并不明显。$\Delta\sigma_1$ 再增大之后（试验中偏差应力大于 150kPa），试件便进入屈服阶段，竖向应变逐渐增大。试件体积开始膨胀，表现为竖向压缩而侧向向外鼓出，$\Delta\sigma_1$ 达到一定峰值之后（试验中偏差应力为 674.269kPa），由于应变已经变大，土的结构松弛，偏差应力无法继续上升，反而开始下降，逐渐趋于某一稳定值。这时，竖向应变 ε_1 和体积应变 ε_Θ 都已很大，试件进入破坏阶段。

将砂土处于天然状态时的三种围压情况作对比不难发现（图 2.22），在围压较小时，试样破坏时的峰值并不明显，随着围压增大破坏时的峰值越发明显，并且随着围压增大试样的受力屈服极限显著增加。

通过以上对砂土三种状态（饱水、干燥、天然状态）的对比分析不难发现，随着围压的增大（100kPa、200kPa、300kPa）砂土在压缩破坏时峰值有较大的增幅，其抗压缩性能有明显的提高。

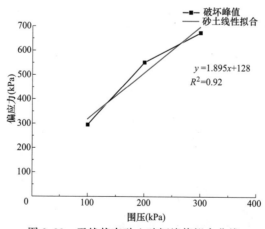

图 2.22 天然状态砂土破坏峰值拟合曲线

由图 2.22 可以清晰地看到土体处于天然状态时其破坏峰值随着围压的增大而增大，将土体在 100kPa、200kPa、300kPa 下的压缩破坏峰值拟合成一条直线 $y = ax + b$，此直线斜率大小为1.895，截距为128kPa。我们可以将此直线视为适用于摩尔-库仑准则的破坏曲线 $\tau = \sigma\tan\varphi + c$ 经换算后可知黏聚力 $c = 128$kPa，内摩擦角 $\varphi = 62.2°$。

2.2.3　粗粒土不同状态变形破坏

图2.23为粗粒土处于饱水状态不同竖向压力（5MPa、10MPa、15MPa）下的变化曲线，竖向压力为5MPa时，开始阶段剪应力 τ 较小时应变不大，粗粒土的剪切面会产生微小的位移变形。这一现象表明在这个阶段，土粒主要是被挤压得更紧密，而没有很大的剪切变形。τ 再大之后（剪应力大于2MPa），试件便进入屈服阶段，竖向应变逐渐增大。其应力-应变曲线的峰值并不十分明显，剪切强度基本上随应变的增加（剪应力超过2MPa后）而趋于稳定，达到最大值。受力后主要是密度增加且剪切面会产生微小的位移变形。在粗粒土处于饱水状态，竖向压力为10MPa时，开始阶段与竖向压力为5MPa的情况相类似，τ 较小时应变不大，整个粗粒土体试样略微变形。在这个阶段，土粒被挤压而变得紧密，其所产生的剪切变形并不明显，τ 再增大之后（剪应力 $\tau = 2.4$MPa），试件便进入屈服阶段，竖向应变逐渐增大。τ 达到一定峰值之后（剪应力超过2.4MPa），由于应变已经变大，土的结构松弛，剪切强度无法继续上升反而开始下降，逐渐趋于某一稳定值。这时，试件进入破坏阶段。由此可见，在剪应力 τ 保持不变的条件下，随着剪力的增大，土的模量不是增大而是减小了，应变增长率逐渐加大，土样由屈服阶段进入破坏阶段。而在粗粒土处于饱水状态，竖向压力为15MPa时，与竖向压力为5MPa、10MPa时的变化趋势类似，开始阶段，τ 较小时应变不大，整个试件相较之前两种竖向压力状态的变形更为微小。在这个阶段，土粒被挤压而变得紧密，其所产生的侧向变形并不明显。τ 再增大之后（试验中剪应力超过4.6MPa），试件便进入屈服阶段，竖向应变逐渐增大。τ 达到一定峰值之后，由于应变已经变大，土的结构松弛，剪切强度无法继续上升反而开始下降，逐渐趋于某一稳定值。这时，剪切应变已很大，试件进入破坏阶段。

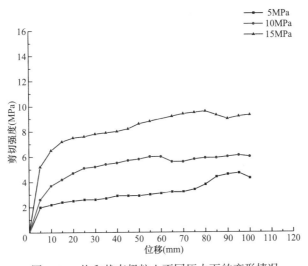

图2.23　饱和状态粗粒土不同压力下的变形情况

将粗粒土处于饱水状态时的三种竖向压力大小不同的情况作对比不难发现（图2.24），在竖向压力较小时，试样破坏时的峰值并不明显，随着竖向压力增大，破坏时的峰值越发明显，并且随着竖向压力增大试样的受力破坏峰值显著增加。

由图 2.24 可以清晰地看到土体处于天然状态时其破坏峰值随着竖向压力的增大而增大，将土体在 5MPa、10MPa、15MPa 下的压缩破坏的峰值拟合成一条直线 $y=ax+b$，此直线斜率大小为 0.51，截距为 366.7kPa。我们可以将此直线视为适用于摩尔-库仑准则的破坏曲线 $\tau=\sigma\tan\varphi+c$ 经换算后可知黏聚力 $c=366.7$kPa，内摩擦角 $\varphi=27°$。

图 2.25 为粗粒土处于干燥状态不同竖向压力（5MPa、10MPa、15MPa）下的变化曲线，竖向压力为 5MPa 时，开始阶段 τ 较小时应变不大，粗粒土的剪切面会产生微小的位移变形。这一现象表明在这个阶段，土粒主要是被挤压得更紧密，而没有多大的剪切变形。τ 再大之后（剪应力大于 2.4MPa），试件便进入屈服阶段，竖向应变逐渐增大。其应力-应变曲线的峰值并不十分明显，剪切强度基本上随应变的增加（剪应力超过 2MPa 后）而趋于稳定，达到最大值。受力后主要是密度增加且剪切面会产生微小的位移变形。在粗粒土处于干燥状态，竖向压力为 10MPa 时，开始阶段与竖向压力为 5MPa 的情况相类似，τ 较小时应变不大，整个粗粒土体试样略微变形。在这个阶段，土粒被挤压而变得紧密，其所产生的剪切变形并不明显，τ 再增大之后（剪应力 $\tau=2.4$MPa），试件便进入屈服阶段，竖向应变逐渐增大。τ 达到一定峰值之后（剪应力超过 6.2MPa），由于应变已经变大，土的结构松弛，剪切强度无法继续上升反而开始下降，逐渐趋于某一稳定值。这时，试件进入破坏阶段。由此可见，在剪应力 τ 保持不变的条件下，随着剪力的增大，土的模量不是增大而是减小了，应变增长率逐渐加大，土样由屈服阶段进入破坏阶段。而在粗粒土处于干燥状态，竖向压力为 15MPa 时，和竖向压力为 5MPa、10MPa 时的变化趋势类似，开始阶段 τ 较小时应变不大，整个试件相较之前两种竖向压力状态的变形更为微小。在这个阶段，土粒被挤压而变得紧密，其所产生的侧向变形并不明显，τ 再增大之后（试验中剪应力超过 8.3MPa），试件便进入屈服阶段，竖向应变逐渐增大。τ 达到一定峰值之后，由于应变已经变大，土的结构松弛，剪切强度无法继续上升反而开始下降，逐渐趋于某一稳定值。这时，剪切应变已很大，试件进入破坏阶段。

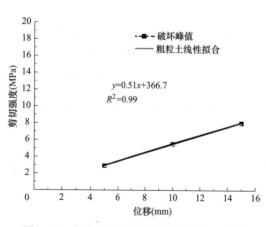

图 2.24　饱和状态粗粒土破坏峰值拟合曲线

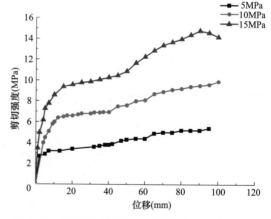

图 2.25　干燥状态粗粒土不同压力下的变形情况

将粗粒土处于干燥状态时的三种竖向压力大小不同的情况作对比不难发现（图 2.26），在竖向压力较小时，试样破坏时的峰值并不明显，随着竖向压力增大破坏时

的峰值越发明显，并且随着竖向压力增
大试样的受力破坏峰值显著增加。

由图 2.26 可以清晰地看到土体处于
干燥状态时其破坏峰值随着竖向压力的
增大而增大，将土体在 5MPa、10MPa、
15MPa 下的压缩破坏峰值拟合成一条直
线 $y=ax+b$，此直线斜率大小为 0.59，
截距为 912kPa。我们可以将此直线视为
适用于摩尔-库仑准则的破坏曲线 $\tau=$
$\sigma\tan\varphi+c$ 经换算后可知黏聚力 $c=$
912kPa，内摩擦角 $\varphi=30.4°$。

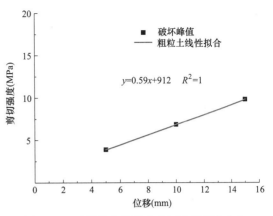

图 2.26 干燥状态粗粒土破坏峰值拟合曲线

图 2.27 为粗粒土处于天然状态不同
竖向压力（5MPa、10MPa、15MPa）下的变化曲线，竖向压力为 5MPa 时，开始阶段 τ
较小时应变不大，粗粒土的剪切面会产生微小的位移变形。这一现象表明在这个阶段，土
粒主要是被挤压得更紧密，而没有很大的剪切变形。τ 再大之后（剪应力大于 2MPa），试
件便进入屈服阶段，竖向应变逐渐增
大。其应力-应变曲线的峰值并不十分
明显，剪切强度基本上随应变的增加
（剪应力超过 2MPa 后）而趋于稳定，
达到最大值。受力后主要是密度增加
按剪切面产生会微小的位移变形。在
粗粒土处于天然状态，竖向压力为
10MPa 时，开始阶段与竖向压力为
5MPa 的情况相类似，τ 较小时应变不
大，整个粗粒土体试样略微变形。在
这个阶段，土粒被挤压而变得紧密，
其所产生的剪切变形并不明显，τ 再增
大之后（剪应力 $\tau=5.8$MPa），试件便
进入屈服阶段，竖向应变逐渐增大。τ

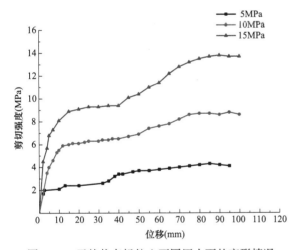

图 2.27 天然状态粗粒土不同压力下的变形情况

达到一定峰值之后（剪应力超过 5.8MPa），由于应变已经变大，土的结构松弛，剪切强
度无法继续上升反而开始下降，逐渐趋于某一稳定值。这时，试件进入破坏阶段。由此可
见，在剪应力 τ 保持不变的条件下，随着剪力的增大，土的模量不是增大而是减小了，应
变增长率逐渐加大，土样由屈服阶段进入破坏阶段。而在粗粒土处于天然状态，竖向压力
为 15MPa 时，和竖向压力为 5MPa、10MPa 时的变化趋势类似，开始阶段 τ 较小时应变
不大，整个试件相较之前两种竖向压力状态的体积缩小更为微小。在这个阶段，土粒被挤
压而变得紧密，其所产生的侧向变形并不明显，τ 再增大之后（试验中剪应力超过
6.4MPa），试件便进入屈服阶段，竖向应变逐渐增大。τ 达到一定峰值之后，由于应变已
经变大，土的结构松弛，剪切强度无法继续上升反而开始下降，逐渐趋于某一稳定值。这
时，剪切应变已很大，试件进入破坏阶段。

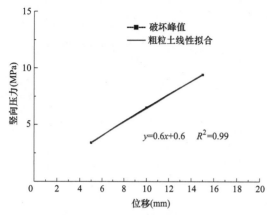

图 2.28　天然状态粗粒土破坏峰值拟合曲线

将粗粒土处于天然状态时的三种竖向压力大小不同的情况作对比不难发现（图 2.28），在竖向压力较小时，试样破坏时的峰值并不明显，随着竖向压力增大破坏时的峰值越发明显，并且随着竖向压力增大试样的受力破坏峰值显著增加。

由图 2.28 可以清晰的看到土体处于天然状态时其破坏峰值随着竖向压力的增大而增大，将土体在 5MPa、10MPa、15MPa 下的剪切破坏峰值拟合成一条直线 $y=ax+b$，此直线斜率大小为 0.6，截距为 0.6kPa。我们可以将此直线视为适用于摩尔-库仑准则的破坏曲线 $\tau=\sigma\tan\varphi+c$ 经换算后可知黏聚力 $c=433.3\mathrm{kPa}$，内摩擦角 $\varphi=31°$。

值得注意的是在粗粒土剪切试验中，由于在剪切过程中受剪面会不断减小，而在受剪过程中剪应力的大小不会改变，如果仍然按原来的面积进行计算将产生过大误差，所以在粗粒土饱水、天然状态的试验中只是采用受剪面前 40mm 位移处的剪应力破坏峰值。在粗粒土饱水状态试验中所取得的竖向压力（5MPa、10MPa、15MPa）剪切破坏峰值分别为 2.9MPa、5.5MPa、8MPa，而在粗粒土天然状态的试验中所取得的竖向压力（5MPa、10MPa、15MPa）剪切破坏峰值分别为 3.4MPa、6.5MPa、9.4MPa。

2.2.4　小结

（1）综合以上分析认为：不同种类（粉土、砂土、粗粒土）土，在不同状态下（饱水、干燥、天然）的不同试验（三种压缩、剪切）中均表现出变形随着侧向约束力的增大而增大。

如表 2.3 所示，在压缩试验中具体表现为随着围压（100kPa、200kPa、300kPa）的增大土体压缩应力破坏峰值有较大的增幅。粉土饱水状态压缩试验中所取得的围压（100kPa、200kPa、300kPa）的破坏峰值分别为 162kPa、392kPa、461kPa，粉土干燥状态压缩试验中围压（100kPa、200kPa、300kPa）的破坏峰值分别为 460kPa、630kPa、725kPa，粉土天然状态压缩试验中围压（100kPa、200kPa、300kPa）的破坏峰值分别为 192kPa、284kPa、362kPa；砂土饱水状态压缩试验中我们所取得的围压（100kPa、200kPa、300kPa）的破坏峰值分别为 257kPa、468kPa、610kPa，砂土干燥状态压缩试验中围压（100kPa、200kPa、300kPa）的破坏峰值分别为 766kPa、880kPa、1100kPa，砂土天然状态压缩试验中围压（100kPa、200kPa、300kPa）的破坏峰值分别为 259kPa、552kPa、467kPa；在剪切试验中表现为随着竖向压力（5MPa、10MPa、15MPa）的增大剪切应力破坏峰值有较大增幅。在粗粒土饱水状态剪切试验中所取得的竖向压力（5MPa、10MPa、15MPa）剪切破坏峰值分别为 2.9MPa、5.5MPa、8MPa，而在粗粒土天然状态的剪切试验中所取得的竖向压力（5MPa、10MPa、15MPa）剪切破坏峰值分别为 3.4MPa、6.5MPa、9.4MPa。

压缩破坏峰值 表2.3

粉土压缩破坏峰值			
状态	围压100kPa峰值(kPa)	围压200kPa峰值(kPa)	围压300kPa峰值(kPa)
饱水	162	392	461
干燥	460	630	725
天然	192	284	362

砂土压缩破坏峰值			
状态	围压100kPa峰值(kPa)	围压200kPa峰值(kPa)	围压300kPa峰值(kPa)
饱水	257	468	610
干燥	766	880	1100
天然	295	552	674

粗粒土剪切破坏峰值			
状态	竖向压力5MPa峰值(MPa)	竖向压力10MPa峰值(MPa)	竖向压力15MPa峰值(MPa)
饱水	2.9	5.5	8
天然	3.4	6.5	9.4
干燥	3.9	6.8	9.8

（2）通过分析拟合出的摩尔-库仑曲线，可以看出：

土体在横向上（粉土、砂土、粗粒土）均表现出土体的黏聚力随含水率（干燥、天然、饱水）的增大而减小。其表现为在粉土的不同状态（干燥、天然、饱水）中，黏聚力分别为340kPa、109.3kPa、39.3kPa。在砂土的不同状态（干燥、天然、饱水）中，黏聚力分别为581kPa、192kPa、128kPa。在粗粒土的不同状态（干燥、天然、饱水）中，黏聚力分别为916.7kPa、433.3kPa、366.7kPa。

在纵向上土体的黏聚力随土颗粒增大而增大。其表现为在干燥条件下（粉土、砂土）的黏聚力分别340kPa，581.3kPa；在天然条件下（粉土、砂土、粗粒土）的黏聚力分别109.3kPa、128kPa、433.3kPa；在饱水条件下（粉土、砂土、粗粒土）的黏聚力分别39kPa、92kPa、366.7kPa。

（3）在表2.4中可以看出土体的内摩擦角 φ 随含水率的变化产生微小变化，但在不同的土中变化不尽相同。

抗剪强度 表2.4

名称	抗剪强度					
	干燥条件		天然条件		饱水条件	
	黏聚力(kPa)	内摩擦角(°)	黏聚力(kPa)	内摩擦角(°)	黏聚力(kPa)	内摩擦角(°)
粉土	340.0	53.0	109.3	40.4	39.3	56.2
砂土	581.3	59.1	128.0	62.2	92.0	60.5
粗粒土	916.7	30.4	433.3	31.0	366.7	27.0

2.3　不同应力状态下岩土体的变形破坏分析

2.3.1　不同围压条件下的粉土压缩变形破坏对比

将压缩试验中的粉土根据其围压大小的不同（100kPa、200kPa、300kPa）按不同含水率状态（饱水，干燥，天然）进行对比，如图 2.29 所示。

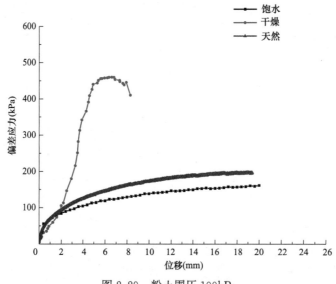

图 2.29　粉土围压 100kPa

在图 2.29 中可以发现围压为 100kPa 时，粉土在饱水状态压缩过程的开始阶段，$\Delta\sigma_1$ 较小时应变不大，整个试件的体积略微缩小。这一现象表明在这个阶段，土粒主要是被挤压得更紧密，而没有多大的侧向变形。$\Delta\sigma_1$ 再大之后（偏差应力大于 50kPa），试件便进入屈服阶段，竖向应变逐渐增大。试件体积开始膨胀，表现为竖向压缩而侧向向外鼓出，其应力-应变曲线的峰值并不十分明显，偏差应力基本上随应变的增加（偏差应力超过 192kPa 后）而趋于稳定，达到最大值。受力后主要表现为体积压缩，密度增加，有时随着应变增大会出现一些侧向膨胀，使体积有一定程度的恢复；围压为 100kPa，粉土在含水率为 15％的天然状态压缩过程的开始阶段，$\Delta\sigma_1$ 较小时应变不大，整个试件的体积略微缩小。这一现象表明在这个阶段，土粒主要是被挤压得更紧密，而没有多大的侧向变形。$\Delta\sigma_1$ 再大之后（偏差应力大于 50kPa），试件便进入屈服阶段，竖向应变逐渐增大。试件体积开始膨胀，表现为竖向压缩而侧向向外鼓出，其应力-应变曲线的峰值并不十分明显，偏差应力基本上随应变的增加（偏差应力超过 192kPa 后）而趋于稳定，达到最大值。受力后主要表现为体积压缩，密度增加，有时随着应变增大会出现一些侧向膨胀，使体积有一定程度的恢复。围压为 100kPa，在粉土处于干燥状态压缩过程的开始阶段，$\Delta\sigma_1$ 较小时应变不大，整个试件的体积略微缩小。这一现象表明在这个阶段，土粒主要是被挤压得更紧密，而没有多大的侧向变形。随着 $\Delta\sigma_1$ 不断增大（偏差应力大于 50kPa），试件便进入屈服阶段，竖向应变逐渐增大。试件体积开始膨胀，表现为竖向压缩而侧向向外鼓出，$\Delta\sigma_1$ 达峰值之后（试验中偏差应力为 460.112kPa），由于应变已经变大，土的结构松弛，偏差应力无法继续上升，反而开始下降，逐渐趋于某一稳定值。

在图 2.29 中通过对比发现，粉土土体在围压为 100kPa 的条件下，天然状态的抗压性能略微高于饱水状态，但二者的变形曲线走势基本相同。而在相同条件下，干燥状态相较于天然状态和饱水状态，在围压为 100kPa 条件下的粉土所产生的竖向位移变形要小得多，其破坏峰值也明显高出天然状态和饱水状态，并且干燥状态下曲线峰前峰后的变化较大，峰值更为明显，粉土的抗压性能明显高于天然和饱水两种状态。

如图 2.30 所示，围压为 200kPa 时，在粉土处于饱水状态的开始阶段，与围压为 100kPa 的情况相类似，$\Delta\sigma_1$ 较小时应变不大，整个试件的体积略微缩小。在这个阶段，土粒被挤压而变得紧密，其所产生的侧向变形并不明显，$\Delta\sigma_1$ 再增大之后（试验中偏差应力大于 150kPa），试件便进入屈服阶段，竖向应变逐渐增大。试件体积开始膨胀，表现为竖向压缩而侧向向外鼓出，$\Delta\sigma_1$ 达到一定峰值之后（偏差应力为 391.559kPa），由于应变已经变大，土的结构松弛，偏差应力无法继续上升，反而开始下降，逐渐趋于某一稳定值。这时，竖向应变 ε_1 和体积应变 $\varepsilon_\ominus$ 都已很大，试件进入破坏阶段。由此可见，在围压 $\Delta\sigma_3$ 保持不变的条件下，随着竖向压力的增大，土的模量不是增大而是减小了，应变增长率逐渐加大，土样由屈服阶段进入破坏阶段；围压为 200kPa 时，在粉土处于天然状态的开始阶段，与围压为 100kPa 的情况相类似，$\Delta\sigma_1$ 较小时应变不大，整个试件的体积略微缩小。在这个阶段，土粒被挤压而变得紧密，其所产生的侧向变形并不明显，$\Delta\sigma_1$ 再增大之后（试验中偏差应力大于 50kPa），试件便进入屈服阶段，竖向应变逐渐增大。试件体积开始膨胀，表现为竖向压缩而侧向向外鼓出，$\Delta\sigma_1$ 达到一定峰值之后（偏差应力为 284kPa），由于应变已经变大，土的结构松弛，偏差应力无法继续上升，反而开始下降，逐渐趋于某一稳定值。这时，竖向应变 ε_1 和体积应变 $\varepsilon_\ominus$ 都已很大，试件进入破坏阶段。由此可见，在围压 $\Delta\sigma_3$ 保持不变的条件下，随着竖向压力的增大，土的模量不是增大而是减小了，应变增长率逐渐加大，土样由屈服阶段进入破坏阶段；围压为 200kPa，在粉

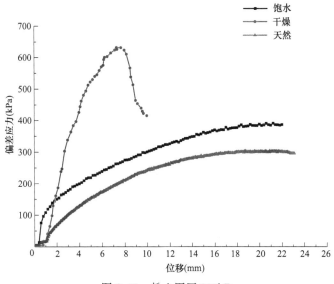

图 2.30　粉土围压 200kPa

土处于干燥状态时，开始阶段与围压为100kPa的情况相类似，$\Delta\sigma_1$ 较小时应变不大，整个试件的体积略微缩小。在这个阶段，土粒被挤压而变得紧密，其所产生的侧向变形并不明显，$\Delta\sigma_1$ 再增大之后（试验中偏差应力大于50kPa），试件便进入屈服阶段，竖向应变逐渐增大。试件体积开始膨胀，表现为竖向压缩而侧向向外鼓出，$\Delta\sigma_1$ 达到一定峰值之后（偏差应力为630.054kPa），由于应变已经变大，土的结构松弛，偏差应力无法继续上升反而开始下降，逐渐趋于某一稳定值。这时，竖向应变 ε_1 和体积应变 ε_Θ 都已很大，试件进入破坏阶段。由此可见，在围压 $\Delta\sigma_3$ 保持不变的条件下，随着竖向压力的增大，土的模量不是增大而是减小了，应变增长率逐渐加大，土样由屈服阶段进入破坏阶段。

在图2.30中通过对比发现，粉土土体在围压为200kPa的条件下，天然状态的抗压性能略微低于饱水状态，但二者的变形曲线走势基本相同。而在相同条件下，干燥状态相较于天然状态和饱水状态，在围压为200kPa条件下的粉土所产生的竖向位移变形要小得多，其破坏峰值也明显高出天然状态和饱水状态，并且干燥状态下曲线峰前峰后的变化较大，峰值更为明显，粉土的抗压性能明显高于天然和饱水两种状态。

如图2.31所示，围压为300kPa时，在粉土处于饱水状态的开始阶段，$\Delta\sigma_1$ 较小时应变不大，整个试件相较之前两种围压状态的体积缩小更为微小。在这个阶段，土粒被挤压而变得紧密，其所产生的侧向变形并不明显，$\Delta\sigma_1$ 再增大之后（试验中偏差应力大于100kPa），试件便进入屈服阶段，竖向应变逐渐增大。试件体积开始膨胀，表现为竖向压缩而侧向向外鼓出，$\Delta\sigma_1$ 达到一定峰值之后（试验中偏差应力为461.254kPa），由于应变已经变大，土的结构松弛，偏差应力无法继续上升，反而开始下降，逐渐趋于某一稳定值。这时，竖向应变 ε_1 和体积应变 ε_Θ 都已很大，试件进入破坏阶段。围压为300kPa时，在粉土处于干燥状态的开始阶段，$\Delta\sigma_1$ 较小时应变不大，整个试件相较之前两种围压状态的体积缩小更为微小。在这个阶段，土粒被挤压而变得紧密，其所产生的侧向变形并不明显，$\Delta\sigma_1$ 再增大之后（试验中偏差应力大于100kPa），试件便进入屈服阶段，竖向应变逐渐增大。试件体积开始膨胀，表现为竖向压缩而侧向向外鼓出，$\Delta\sigma_1$ 达到一定峰值之后

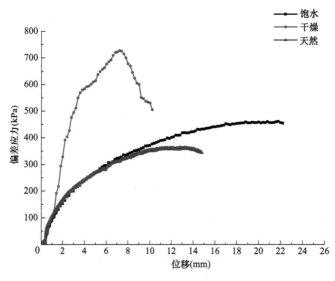

图2.31　粉土围压300kPa

（试验中偏差应力为725.123kPa），由于应变已经变大，土的结构松弛，偏差应力无法继续上升，反而开始下降，逐渐趋于某一稳定值。这时，竖向应变ε_1和体积应变ε_Θ都已很大，试件进入破坏阶段。围压为300kPa时，在粉土处于天然状态的开始阶段，$\Delta\sigma_1$较小时应变不大，整个试件相较之前两种围压状态的体积缩小更为微小。在这个阶段，土粒被挤压而变得紧密，其所产生的侧向变形并不明显，$\Delta\sigma_1$再增大之后（试验中偏差应力大于100kPa），试件便进入屈服阶段，竖向应变逐渐增大。试件体积开始膨胀，表现为竖向压缩而侧向向外鼓出，$\Delta\sigma_1$达到一定峰值之后（试验中偏差应力为362kPa），由于应变已经变大，土的结构松弛，偏差应力无法继续上升，反而开始下降，逐渐趋于某一稳定值。这时，竖向应变ε_1和体积应变ε_Θ都已很大，试件进入破坏阶段。

在图2.31中通过对比发现，粉土土体在围压为300kPa的条件下，天然状态的抗压性能略微低于饱水状态，但二者的变形曲线走势基本相同。而在相同条件下，干燥状态相较于天然状态和饱水状态，在围压为300kPa条件下的粉土所产生的竖向位移变形要小得多，其破坏峰值也明显高出天然状态和饱水状态，并且干燥状态下，峰值更为明显，粉土的抗压性能明显高于天然和饱水两种状态。

综合图2.29~图2.31，可以发现：

在粉土压缩试验过程中，粉土在干燥状态下的抗压性能表现明显高于在天然和饱水状态的抗压性能表现，并且其干燥下的曲线峰前峰后的变化较大，峰值更为明显；而粉土在天然状态与饱水状态的抗压性能表现基本相同，均小于干燥状态的抗压性能表现。

2.3.2 不同围压条件下的砂土压缩变形破坏对比

将压缩试验中的砂土根据其围压大小的不同（100kPa、200kPa、300kPa）按不同含水率状态（饱水、干燥、天然）进行对比，结果如图2.32所示。

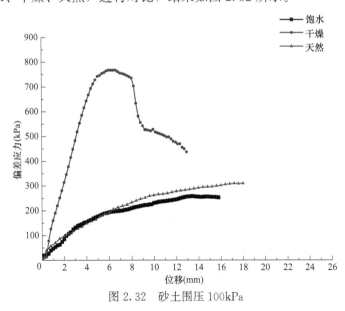

图2.32 砂土围压100kPa

围压为100kPa，砂土处于饱水状态时，随着$\Delta\sigma_1$增大，试件便进入屈服阶段，竖向应变逐渐增大。试件体积开始膨胀，表现为竖向压缩而侧向向外鼓出，$\Delta\sigma_1$达到一定峰值之后（偏差应力为 257.433kPa），由于应变已经变大，土的结构松弛，偏差应力无法继续上升，反而开始下降，逐渐趋于某一稳定值。其应力-应变曲线的峰值并不十分明显，偏差应力基本上随应变的增加（偏差应力超过 257.433kPa 后）而趋于稳定，达到最大值。围压为 100kPa，砂土处于干燥状态时，开始阶段 $\Delta\sigma_1$ 较小时应变不大，整个试件的体积略微缩小。这一现象表明在这个阶段，土粒主要是被挤压得更紧密，而没有多大的侧向变形。$\Delta\sigma_1$ 再大之后（偏差应力大于 600kPa），试件便进入屈服阶段，竖向应变逐渐增大。试件体积开始膨胀，表现为竖向压缩而侧向向外鼓出，$\Delta\sigma_1$ 达到一定峰值之后（试验中偏差应力为 765.988kPa），由于应变已经变大，土的结构松弛，偏差应力无法继续上升，反而开始下降，逐渐趋于某一稳定值。围压为 100kPa，砂土处于天然状态时，开始阶段，$\Delta\sigma_1$ 较小时应变不大，整个试件的体积略微缩小。这一现象表明在这个阶段，土粒主要是被挤压得更紧密，而没有多大的侧向变形。$\Delta\sigma_1$ 再大之后（偏差应力大于 50kPa），试件便进入屈服阶段，竖向应变逐渐增大。试件体积开始膨胀，表现为竖向压缩而侧向向外鼓出，其应力-应变曲线的峰值并不十分明显，偏差应力基本上随应变的增加（偏差应力超过 294.615kPa 后）而趋于稳定，达到最大值。受力后主要是体积压缩，密度增加有时随着应变增大会出现一些侧向膨胀，使体积有一定程度的恢复。

在图 2.32 中通过对比发现，砂土土体在围压为 100kPa 的条件下，天然状态的抗压性能略微高于饱水状态，但二者的变形曲线走势基本相同。而在相同条件下，干燥状态相较于天然状态和饱水状态，在围压为 100kPa 条件下的砂土所产生的竖向位移变形要小得多，其破坏峰值也明显高出天然状态和饱水状态，并且在干燥状态下峰值更为明显，砂土的抗压性能明显高于天然和饱水两种状态。

围压为 200kPa，砂土处于饱水状态时，开始阶段 $\Delta\sigma_1$ 较小时应变不大，整个试件的体积略微缩小。在这个阶段，土粒被挤压而变得紧密，其所产生的侧向变形并不明显，$\Delta\sigma_1$ 再增大之后（试验中偏差应力大于 300kPa），试件便进入屈服阶段，竖向应变逐渐增大。试件体积开始膨胀，表现为竖向压缩而侧向向外鼓出，$\Delta\sigma_1$ 达到一定峰值之后（偏差应力为 467.654kPa），由于应变已经变大，土的结构松弛，偏差应力无法继续上升，反而开始下降，逐渐趋于某一稳定值。这时，竖向应变 ε_1 和体积应变 ε_Θ 都已很大，试件进入破坏阶段。其应力-应变曲线的峰值与围压为 100kPa 时相似，并不十分明显，偏差应力基本上随应变的增加（偏差应力超过 257.433kPa 后）而趋于稳定，达到最大值。由此可见，在围压 $\Delta\sigma_3$ 保持不变的条件下，随着竖向压力的增大，土的模量不是增大而是减小了，应变增长率逐渐加大，土样由屈服阶段进入破坏阶段。在砂土处于天然状态，围压为 200kPa 时，开始阶段与围压为 100kPa 的情况相类似，$\Delta\sigma_1$ 较小时应变不大，整个试件的体积略微缩小。在这个阶段，土粒被挤压而变得紧密，其所产生的侧向变形并不明显，$\Delta\sigma_1$ 再增大之后（试验中偏差应力大于 100kPa），试件便进入屈服阶段，竖向应变逐渐增大。试件体积开始膨胀，表现为竖向压缩而侧向向外鼓出，$\Delta\sigma_1$ 达到一定峰值之后（偏差应力为 552kPa），由于应变已经变大，土的结构松弛，偏差应力无法继续上升，反而开始下降，逐渐趋于某一稳定值。这时，竖向应变 ε_1 和体积应变 ε_Θ 都已很大，试件进入破坏阶段。由此可见，在围压 $\Delta\sigma_3$ 保持不变的条件下，随着竖向压力的增大，土的模量不是增大而是减小了，应变增长率逐渐加大，土样由屈服阶段进入破坏阶段。在砂土处于干燥状态，围压为 200kPa 时，开始阶段与围压为 100kPa 的情况相类似，$\Delta\sigma_1$ 较小时应变不大，整个试件的体积略微缩小。在这个阶段，土粒被挤压而变得紧密，其所产生的侧向变形并不明显，$\Delta\sigma_1$ 再增大之后（试验中偏差应力大于 200kPa），试件便进入屈服阶段，竖向应变逐渐增大。试件体积开始膨胀，表现为竖向压缩而侧向向外鼓出，$\Delta\sigma_1$ 达到一定峰值之后（试验中偏差应力为 880.024kPa），由于应变已经变大，土的结构松弛，偏差应力无法继续上升，反而开始下降，逐渐趋于某一稳定值。这时，竖向应变 ε_1 和体积应变 ε_Θ 都已很大，试件进入破坏阶段。

在图 2.33 中通过对比发现，砂土土体在围压为 200kPa 的条件下，天然状态的抗压性能略微高于饱水状态，但二者的变形曲线走势基本相同。而在相同条件下，干燥状态相较于天然状态和饱水状态，在围压为 200kPa 条件下的砂土所产生的竖向位移变形要小得多，其破坏峰值也明显高出天然状态和饱水状态，并且干燥状态下，峰值更为明显，砂土的抗压性能明显高于天然和饱水两种状态。

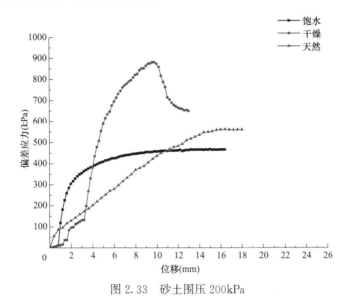

图 2.33　砂土围压 200kPa

在砂土处于饱水状态，围压为 300kPa 时，开始阶段 $\Delta\sigma_1$ 较小时应变不大，整个试件相较之前两种围压状态的体积缩小更为微小。在这个阶段，土粒被挤压而变得紧密，其所产生的侧向变形并不明显，$\Delta\sigma_1$ 再增大之后（试验中偏差应力大于 300kPa），试件便进入屈服阶段，竖向应变逐渐增大。试件体积开始膨胀，表现为竖向压缩而侧向向外鼓出，$\Delta\sigma_1$ 达到一定峰值之后（试验中偏差应力为 609.966kPa），由于应变已经变大，土的结构松弛，偏差应力无法继续上升，反而开始下降，逐渐趋于某一稳定值。这时，竖向应变 ε_1 和体积应变 ε_Θ 都已很大，试件进入破坏阶段。将砂土处于饱水状态时的三种围压情况作对比不难发现，在围压较小时，试样破坏时的峰值并不明显，随着围压增大破坏时的峰值越发明显，并且随着围压增大试样的受力屈服极限显著增加。

在砂土处于天然状态，围压为 300kPa 时，开始阶段 $\Delta\sigma_1$ 较小时应变不大，整个试件相较之前两种围压状态的体积缩小更为微小。在这个阶段，土粒被挤压而变得紧密，其所产生的侧向变形并不明显，$\Delta\sigma_1$ 再增大之后（试验中偏差应力大于 150kPa），试件便进入屈服阶段，竖向应变逐渐增大。试件体积开始膨胀，表现为竖向压缩而侧向向外鼓出，

$\Delta\sigma_1$ 达到一定峰值之后（试验中偏差应力为 674.269kPa），由于应变已经变大，土的结构松弛，偏差应力无法继续上升，反而开始下降，逐渐趋于某一稳定值。这时，竖向应变 ε_1 和体积应变 ε_Θ 都已很大，试件进入破坏阶段。将砂土处于天然状态时的三种围压情况作对比不难发现，在围压较小时，试样破坏时的峰值并不明显，随着围压增大破坏时的峰值越发明显，并且随着围压增大试样的受力屈服极限显著增加。

在图 2.34 中通过对比发现，砂土土体在围压为 300kPa 的条件下，天然状态的抗压性能略微高于饱水状态，但二者的变形曲线走势基本相同。而在相同条件下，干燥状态相较于天然状态和饱水状态，在围压为 300kPa 条件下的砂土所产生的竖向位移变形要小得多，其破坏峰值也明显高于天然状态和饱水状态，并且干燥状态下，峰值更为明显，砂土的抗压性能明显高于天然和饱水两种状态。

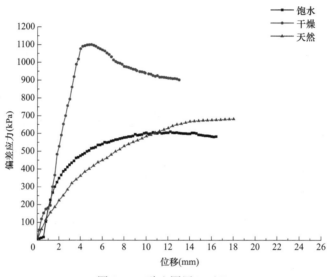

图 2.34　砂土围压 300kPa

综合图 2.32～图 2.34，可以发现：

在砂土压缩试验过程中，天然状态与饱水状态的变形曲线走势基本相同，干燥状态下，砂土的抗压性能明显高于天然和饱水两种状态，且其曲线峰前峰后的变化较大，峰值更为明显。

2.3.3　不同竖向压力条件下的粗粒土剪切变形破坏对比

将剪切试验中的粗粒土按其竖向压力大小的不同（5MPa、10MPa、15MPa）进行对比，结果如图 2.35～图 2.37 所示。

竖向压力为 5MPa，粗粒土处于饱水状态时，开始阶段剪应力 τ 较小时应变不大，粗粒土的剪切面会产生微小的位移变形。这一现象表明在这个阶段，土粒主要是被挤压得更紧密，而没有多大的剪切变形。τ 再大之后（剪应力大于 2MPa），试件便进入屈服阶段，竖向应变逐渐增大。其应力-应变曲线的峰值并不十分明显，剪力强度基本上随应变的增加（剪应力超过 2MPa 后）而趋于稳定，达到最大值；竖向压力为 5MPa 时，粗粒土处于天然状态时，开始阶段 τ 较小时应变不大，粗粒土的剪切面会产生微小的位移变形。这一

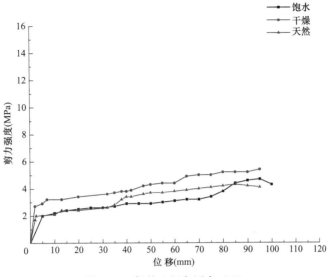

图 2.35　粗粒土竖向压力 5MPa

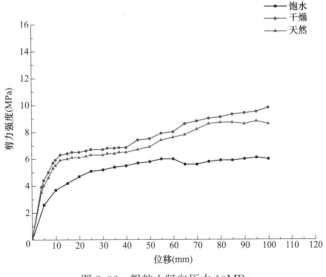

图 2.36　粗粒土竖向压力 10MPa

现象表明在这个阶段，土粒主要是被挤压得更紧密，而没有多大的剪切变形。τ 再大之后（剪应力大于 2MPa），试件便进入屈服阶段，竖向应变逐渐增大。其应力-应变曲线的峰值并不十分明显，剪力强度基本上随应变的增加（剪应力超过 2MPa 后）而趋于稳定，达到最大值。受力后主要表现为密度增加且剪切面会产生微小的位移变形。

　　在图 2.35 中通过对比发现，粗粒土土体在竖向压力为 5MPa 时，天然状态、饱水状态的变形曲线走势基本相同。

　　在粗粒土处于饱水状态，竖向压力为 10MPa 时，开始阶段与竖向压力为 5MPa 的情况相类似，τ 较小时应变不大，整个粗粒土土体试样略微变形。在这个阶段，土粒被挤压而变得紧密，其所产生的剪切变形并不明显，τ 再增大之后（剪应力 $\tau = 2.4$MPa），试件

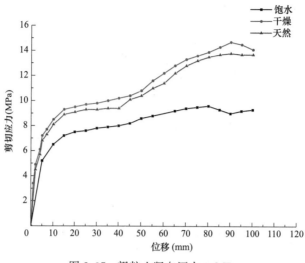

图 2.37　粗粒土竖向压力 15MPa

便进入屈服阶段，竖向应变逐渐增大。τ 达到一定峰值之后（剪应力超过 2.4MPa），由于应变已经变大，土的结构松弛，剪力强度无法继续上升，反而开始下降，逐渐趋于某一稳定值。这时，试件进入破坏阶段。由此可见，在剪应力 τ 保持不变的条件下，随着剪力的增大，土的模量不是增大而是减小了，应变增长率逐渐加大，土样由屈服阶段进入破坏阶段。在粗粒土处于天然状态，竖向压力为 10MPa 时，开始阶段与竖向压力为 5MPa 的情况相类似，τ 较小时应变不大，整个粗粒土土体试样略微变形。在这个阶段，土粒被挤压而变得紧密，其所产生的剪切变形并不明显，τ 再增大之后（剪应力 $\tau=5.8$MPa），试件便进入屈服阶段，竖向应变逐渐增大。τ 达到一定峰值之后（剪应力超过 5.8MPa），由于应变已经变大，土的结构松弛，剪力强度无法继续上升，反而开始下降，逐渐趋于某一稳定值。这时，试件进入破坏阶段。由此可见，在剪应力 τ 保持不变的条件下，随着剪力的增大，土的模量不是增大而是减小了，应变增长率逐渐加大，土样由屈服阶段进入破坏阶段。

在图 2.36 中通过对比发现，粗粒土土体在竖向压力为 10MPa 时，天然状态的抗压性能略微高于饱水状态，但二者的变形曲线走势基本相同。

在粗粒土处于饱水状态，竖向压力为 15MPa 时，和竖向压力为 5MPa、10MPa 时的变化趋势类似，开始阶段 τ 较小时应变不大，整个试件相较之前两种竖向压力状态的体积缩小更为微小。在这个阶段，土粒被挤压而变得紧密，其所产生的侧向变形并不明显，τ 再增大之后（试验中剪应力超过 4.6MPa），试件便进入屈服阶段，竖向应变逐渐增大。τ 达到一定峰值之后，由于应变已经变大，土的结构松弛，剪切应力无法继续上升，反而开始下降，逐渐趋于某一稳定值。这时，剪切应变已很大，试件进入破坏阶段。在粗粒土处于天然状态，竖向压力为 15MPa 时，和竖向压力为 5MPa、10MPa 时的变化趋势类似，开始阶段 τ 较小时应变不大，整个试件相较之前两种竖向压力状态的体积缩小更为微小。在这个阶段，土粒被挤压而变得紧密，其所产生的侧向变形并不明显，τ 再增大之后（试验中剪应力超过 6.4MPa），试件便进入屈服阶段，竖向应变逐渐增大。τ 达到一定峰值之后，由于应变已经变大，土的结构松弛，剪切应力无法继续上升，反而开始下降，逐渐趋于某一稳定值。这时，剪切应变已很大，试件进入破坏阶段。

在图 2.37 中通过对比发现，粗粒土土体在竖向压力为 10MPa 时，天然状态的抗压性能略微高于饱水状态，但其二者的变形曲线走势基本相同。

综合图 2.35～图 2.37 可以发现，在粗粒土剪切试验过程中，天然状态与饱水状态的变形曲线走势基本相同。

通过以上对比发现，不同土样的试验中均表现出天然状态与饱水状态的变形曲线走势基本相同，干燥状态下，砂土的抗压性能明显高于天然和饱水两种状态，且其曲线峰前峰后的变化较大，峰值更为明显，具体破坏数值如表 2.5 所示。

破坏峰值 表 2.5

粉土压缩破坏峰值		
状态	围压 100kPa 峰值(kPa)	围压 200kPa 峰值(kPa)	围压 300kPa 峰值(kPa)
饱水	162	392	461
干燥	460	630	725
天然	192	284	362
砂土压缩破坏峰值		
状态	围压 100kPa 峰值(kPa)	围压 200kPa 峰值(kPa)	围压 300kPa 峰值(kPa)
饱水	257	468	610
干燥	766	880	1100
天然	295	552	674
粗粒土剪切破坏峰值		
状态	竖向压力 5MPa 峰值(MPa)	竖向压力 10MPa 峰值(MPa)	竖向压力 15MPa 峰值(MPa)
饱水	2.9	5.5	8
天然	3.4	6.5	9.4
干燥	3.9	6.8	9.8

2.4 不同区域岩土体分类进行的对比

如图 2.38 所示，在同处于饱水状态，围压为 100kPa 时，粉土在开始阶段 $\Delta\sigma_1$ 较小时应变不大，整个试件的体积略微缩小。这一现象表明在这个阶段，土粒主要是被挤压得更紧密，而没有很大的侧向变形。$\Delta\sigma_1$ 再增大之后（偏差应力大于 50kPa），试件便进入屈服阶段，竖向应变逐渐增大。试件体积开始膨胀，表现为竖向压缩而侧向向外鼓出，其应力-应变曲线的峰值并不十分明显，偏差应力基本上随应变的增加（偏差应力超过 150kPa 后）而趋于稳定，达到最大值（162kPa）。受力后主要是体积压缩，密度增加有时随着应变增大会出现一些侧向膨胀，使体积有一定程度的恢复。砂土在开始阶段没有多大的侧向变形，而随着 $\Delta\sigma_1$ 增大，试件便进入屈服阶段，竖向应变逐渐增大。试件体积开始膨胀，表现为竖向压缩而侧向向外鼓出，$\Delta\sigma_1$ 达到一定峰值之后（偏差应力为 257.433kPa），由于应变已经变大，土的结构松弛，偏差应力无法继续上升，反而开始下降，逐渐趋于某一稳定值。其应力-应变曲线的峰值并不十分明显，偏差应力基本上随应

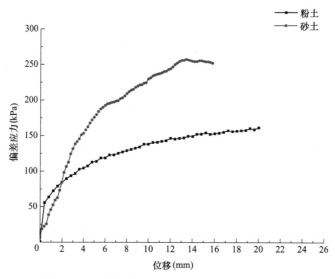

图 2.38　饱水状态围压 100kPa 砂土与粉土的比较

变的增加（偏差应力超过 257.433kPa 后）而趋于稳定，达到最大值。

通过对比发现，在同处于饱水状态，围压为 100kPa 时，砂土的抗压性能明显高于粉土。

如图 2.39 所示，在同处于饱水状态，围压为 200kPa 时，粉土在开始阶段与围压为 100kPa 的情况相类似，$\Delta\sigma_1$ 较小时应变不大，整个试件的体积略微缩小。在这个阶段，土粒被挤压而变得紧密，其所产生的侧向变形并不明显，$\Delta\sigma_1$ 再增大之后（试验中偏差应力大于 150kPa），试件便进入屈服阶段，竖向应变逐渐增大。试件体积开始膨胀，表现为竖向压缩而侧向向外鼓出，$\Delta\sigma_1$ 达到一定峰值之后（偏差应力为 391.559kPa），由于应变已经变大，土的结构松弛，偏差应力无法继续上升，反而开始下降，逐渐趋于某一稳定值。这时，竖向应变 ε_1 和体积应变 ε_Θ 都已很大，试件进入破坏阶段。由此可见，在围压 $\Delta\sigma_3$ 保持不变的条件下，随着竖向压力的增大，土的模量不是增大而是减小了，应变增长

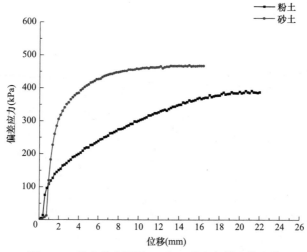

图 2.39　饱水状态围压 200kPa 砂土与粉土的比较

率逐渐加大，土样由屈服阶段进入破坏阶段。砂土在开始阶段，$\Delta\sigma_1$ 较小时应变不大，整个试件的体积略微缩小。在这个阶段，土粒被挤压而变得紧密，其所产生的侧向变形并不明显，$\Delta\sigma_1$ 再增大之后（试验中偏差应力大于 300kPa），试件便进入屈服阶段，竖向应变逐渐增大。试件体积开始膨胀，表现为竖向压缩而侧向向外鼓出，$\Delta\sigma_1$ 达到一定峰值之后（偏差应力为 467.654kPa），由于应变已经变大，土的结构松弛，偏差应力无法继续上升，反而开始下降，逐渐趋于某一稳定值。这时，竖向应变 ε_1 和体积应变 ε_Θ 都已很大，试件进入破坏阶段。

通过对比发现，在同处于饱水状态，围压为 200kPa 时，砂土的抗压性能明显高于粉土的抗压性能。

如图 2.40 所示，在同处于饱水状态，围压为 300kPa 时，粉土在开始阶段 $\Delta\sigma_1$ 较小时，应变不大，整个试件相较之前两种围压状态的体积缩小更为微小。在这个阶段，土粒被挤压而变得紧密，其所产生的侧向变形并不明显，$\Delta\sigma_1$ 再增大之后（试验中偏差应力大于 100kPa），试件便进入屈服阶段，竖向应变逐渐增大。试件体积开始膨胀，表现为竖向压缩而侧向向外鼓出，$\Delta\sigma_1$ 达到一定峰值之后（试验中偏差应力为 461.254kPa），由于应变已经变大，土的结构松弛，偏差应力无法继续上升，反而开始下降，逐渐趋于某一稳定值。这时，竖向应变 ε_1 和体积应变 ε_Θ 都已很大，试件进入破坏阶段。砂土在开始阶段，$\Delta\sigma_1$ 较小时应变不大，整个试件相较之前两种围压状态的体积缩小更为微小。在这个阶段，土粒被挤压而变得紧密，其所产生的侧向变形并不明显，$\Delta\sigma_1$ 再增大之后（试验中偏差应力大于 300kPa），试件便进入屈服阶段，竖向应变逐渐增大。试件体积开始膨胀，表现为竖向压缩而侧向向外鼓出，$\Delta\sigma_1$ 达到一定峰值之后（试验中偏差应力为 609.966kPa），由于应变已经变大，土的结构松弛，偏差应力无法继续上升，反而开始下降，逐渐趋于某一稳定值。这时，竖向应变 ε_1 和体积应变 ε_Θ 都已很大，试件进入破坏阶段。

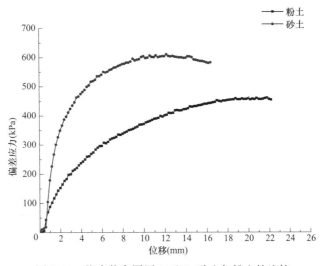

图 2.40　饱水状态围压 300kPa 砂土与粉土的比较

通过对比发现，在同处于饱水状态，围压为 300kPa 时，砂土的抗压性能明显高于粉土的抗压性能。

如图 2.41 所示，在同处于干燥状态，围压为 100kPa 时，粉土在开始阶段，$\Delta\sigma_1$ 较小时应变不大，整个试件的体积略微缩小。这一现象表明在这个阶段，土粒主要是被挤压得更紧密，而没有很大的侧向变形。随着 $\Delta\sigma_1$ 不断增大（偏差应力大于 50kPa），试件便进入屈服阶段，竖向应变逐渐增大。试件体积开始膨胀，表现为竖向压缩而侧向向外鼓出，$\Delta\sigma_1$ 达峰值之后（试验中偏差应力为 460.112kPa），由于应变已经变大，土的结构松弛，偏差应力无法继续上升，反而开始下降，逐渐趋于某一稳定值。这时，竖向应变 ε_1 和体积应变 ε_Θ 都已很大，试件进入破坏阶段。

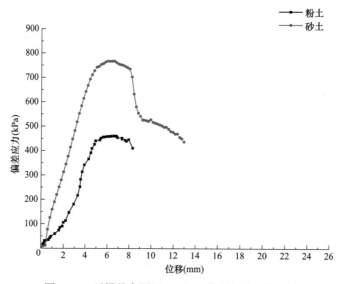

图 2.41 干燥状态围压 100kPa 砂土与粉土的比较

砂土在开始阶段，$\Delta\sigma_1$ 较小时应变不大，整个试件的体积略微缩小。这一现象表明在这个阶段，土粒主要是被挤压得更紧密，而没有很大的侧向变形。$\Delta\sigma_1$ 再大之后（偏差应力大于 600kPa），试件便进入屈服阶段，竖向应变逐渐增大。试件体积开始膨胀，表现为竖向压缩而侧向向外鼓出，$\Delta\sigma_1$ 达到一定峰值之后（试验中偏差应力为 765.988kPa），由于应变已经变大，土的结构松弛，偏差应力无法继续上升，反而开始下降，逐渐趋于某一稳定值。这时，竖向应变 ε_1 和体积应变 ε_Θ 都已很大，试件进入破坏阶段。

通过对比发现，在同处于干燥状态，围压为 100kPa 时，砂土的抗压性能明显高于粉土的抗压性能。

如图 2.42 所示，在同处于干燥状态，围压为 200kPa 时，粉土在开始阶段 $\Delta\sigma_1$ 较小时应变不大，整个试件的体积略微缩小。在这个阶段，土粒被挤压而变得紧密，其所产生的侧向变形并不明显，$\Delta\sigma_1$ 再增大之后（试验中偏差应力大于 50kPa），试件便进入屈服阶段，竖向应变逐渐增大。试件体积开始膨胀，表现为竖向压缩而侧向向外鼓出，$\Delta\sigma_1$ 达到一定峰值之后（偏差应力为 630.054kPa），由于应变已经变大，土的结构松弛，偏差应力无法继续上升，反而开始下降，逐渐趋于某一稳定值。这时，竖向应变 ε_1 和体积应变 ε_Θ 都已很大，试件进入破坏阶段。

砂土在开始阶段，$\Delta\sigma_1$ 较小时应变不大，整个试件的体积略微缩小。在这个阶段，土粒被挤压而变得紧密，其所产生的侧向变形并不明显，$\Delta\sigma_1$ 再增大之后（试验中偏差应力

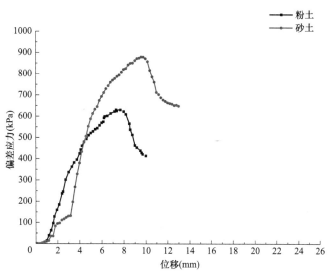

图 2.42 干燥状态围压 200kPa 砂土与粉土的比较

大于 200kPa），试件便进入屈服阶段，竖向应变逐渐增大。试件体积开始膨胀，表现为竖向压缩而侧向向外鼓出，$\Delta\sigma_1$ 达到一定峰值之后（试验中偏差应力为 880.024kPa），由于应变已经变大，土的结构松弛，偏差应力无法继续上升，反而开始下降，逐渐趋于某一稳定值。这时，竖向应变 ε_1 和体积应变 ε_Θ 都已很大，试件进入破坏阶段。

通过对比发现，在同处于干燥状态，围压为 200kPa 时，砂土的抗压性能明显高于粉土的抗压性能。

如图 2.43 所示，在同处于干燥状态，围压为 300kPa 时，粉土在开始阶段 $\Delta\sigma_1$ 较小时，应变不大，整个试件相较之前两种围压状态的体积缩小更为微小。在这个阶段，土粒被挤压而变得紧密，其所产生的侧向变形并不明显，$\Delta\sigma_1$ 再增大之后（试验中偏差应力大

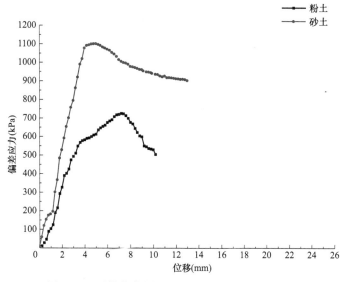

图 2.43 干燥状态围压 300kPa 砂土与粉土的比较

于 100kPa），试件便进入屈服阶段，竖向应变逐渐增大。试件体积开始膨胀，表现为竖向压缩而侧向向外鼓出，$\Delta\sigma_1$ 达到一定峰值之后（试验中偏差应力为 725.123kPa），由于应变已经变大，土的结构松弛，偏差应力无法继续上升，反而开始下降，逐渐趋于某一稳定值。这时，竖向应变 ε_1 和体积应变 ε_Θ 都已很大，试件进入破坏阶段。

砂土在开始阶段，$\Delta\sigma_1$ 较小时应变不大，在这个阶段，土粒被挤压而变得紧密，其所产生的侧向变形并不明显，$\Delta\sigma_1$ 再增大之后（试验中偏差应力大于 200kPa），试件便进入屈服阶段，竖向应变逐渐增大。试件体积开始膨胀，表现为竖向压缩而侧向向外鼓出，$\Delta\sigma_1$ 达到一定峰值之后（试验中偏差应力为 1099.837kPa），由于应变已经变大，土的结构松弛，偏差应力无法继续上升，反而开始下降，逐渐趋于某一稳定值。这时，竖向应变 ε_1 和体积应变 ε_Θ 都已很大，试件进入破坏阶段。

通过对比发现，在同处于干燥状态，围压为 300kPa 时，砂土的抗压性能明显高于粉土的抗压性能。

如图 2.44 所示，在同处于天然状态，围压为 100kPa 时，粉土在开始阶段，$\Delta\sigma_1$ 较小时应变不大，整个试件的体积略微缩小。这一现象表明在这个阶段，土粒主要是被挤压得更紧密，而没有很大的侧向变形。$\Delta\sigma_1$ 再大之后（偏差应力大于 50kP 时），试件便进入屈服阶段，竖向应变逐渐增大。试件体积开始膨胀，表现为竖向压缩而侧向向外鼓出，其应力-应变曲线的峰值并不十分明显，偏差应力基本上随应变的增加（偏差应力超过 192kPa 后）而趋于稳定，达到最大值。受力后主要是体积压缩，密度增加有时随着应变增大会出现一些侧向膨胀，使体积有一定程度的恢复。

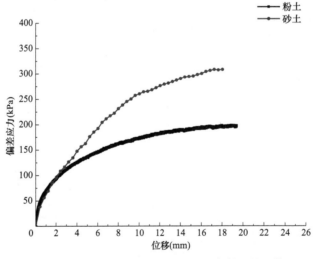

图 2.44 天然状态围压 100kPa 砂土与粉土的比较

砂土在开始阶段，$\Delta\sigma_1$ 较小时应变不大，整个试件的体积略微缩小。这一现象表明在这个阶段，土粒主要是被挤压的更紧密，而没有很大的侧向变形。$\Delta\sigma_1$ 再大之后（偏差应力大于 50kPa），试件便进入屈服阶段，竖向应变逐渐增大。试件体积开始膨胀，表现为竖向压缩而侧向向外鼓出，其应力-应变曲线的峰值并不十分明显偏差应力基本上随应变的增加（偏差应力超过 294.615kPa 后）而趋于稳定，达到最大值。受力后主要是体积压缩，密度增加有时随着应变增大会出现一些侧向膨胀，使体积有一定程度的恢复。

通过对比发现，在同处于天然状态，围压为 100kPa 时，砂土的抗压性能明显高于粉土的抗压性能。

如图 2.45 所示，在同处于天然状态，围压为 200kPa 时，粉土在开始阶段，$\Delta\sigma_1$ 较小时应变不大，整个试件的体积略微缩小。在这个阶段，土粒被挤压而变得紧密，其所产生的侧向变形并不明显，$\Delta\sigma_1$ 再增大之后（试验中偏差应力大于 50kPa），试件便进入屈服阶段，竖向应变逐渐增大。试件体积开始膨胀，表现为竖向压缩而侧向向外鼓出，$\Delta\sigma_1$ 达到一定峰值之后（偏差应力为 284kPa），由于应变已经变大，土的结构松弛，偏差应力无法继续上升，反而开始下降，逐渐趋于某一稳定值。这时，竖向应变 ε_1 和体积应变 ε_Θ 都已很大，试件进入破坏阶段。

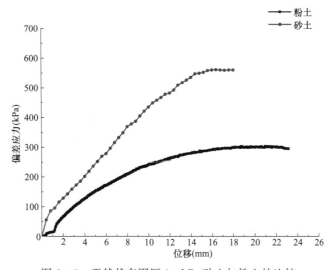

图 2.45 天然状态围压 200kPa 砂土与粉土的比较

砂土在开始阶段，$\Delta\sigma_1$ 较小时应变不大，整个试件的体积略微缩小。在这个阶段，土粒被挤压而变得紧密，其所产生的侧向变形并不明显，$\Delta\sigma_1$ 再增大之后（试验中偏差应力大于 100kPa），试件便进入屈服阶段，竖向应变逐渐增大。试件体积开始膨胀，表现为竖向压缩而侧向向外鼓出，$\Delta\sigma_1$ 达到一定峰值之后（偏差应力为 552kPa），由于应变已经变大，土的结构松弛，偏差应力无法继续上升，反而开始下降，逐渐趋于某一稳定值。这时，竖向应变 ε_1 和体积应变 ε_Θ 都已很大，试件进入破坏阶段。由此可见，在围压 $\Delta\sigma_3$ 保持不变的条件下，随着竖向压力的增大，土的模量不是增大而是减小了，应变增长率逐渐加大，土样由屈服阶段进入破坏阶段。

通过对比发现，在同处于天然状态，围压为 200kPa 时，砂土的抗压性能明显高于粉土的抗压性能。

如图 2.46 所示，在同处于天然状态，围压为 300kPa 时，粉土在开始阶段 $\Delta\sigma_1$ 较小时，应变不大，整个试件相较之前两种围压状态的体积缩小更为微小。在这个阶段，土粒被挤压而变得紧密，其所产生的侧向变形并不明显，$\Delta\sigma_1$ 再增大之后（试验中偏差应力大于 100kPa），试件便进入屈服阶段，竖向应变逐渐增大。试件体积开始膨胀，表现为竖向压缩而侧向向外鼓出，$\Delta\sigma_1$ 达到一定峰值之后（试验中偏差应力为 362kPa），由于应变已

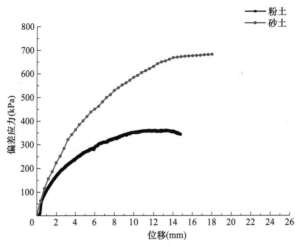

图 2.46　天然状态围压 300kPa 砂土与粉土的比较

经变大，土的结构松弛，偏差应力无法继续上升，反而开始下降，逐渐趋于某一稳定值。这时，竖向应变 ε_1 和体积应变 ε_Θ 都已很大，试件进入破坏阶段。将粉土处于天然状态时的三种围压情况作对比不难发现，在围压较小时，试样破坏时的峰值并不明显，随着围压增大破坏时的峰值越发明显，并且随着围压增大试样的受力屈服极限显著增加。

砂土在开始阶段，$\Delta\sigma_1$ 较小时应变不大，整个试件相较之前两种围压状态下的体积缩小更为微小。在这个阶段，土粒被挤压而变得紧密，其产生的侧向变形并不明显；$\Delta\sigma_1$ 在增大之后（试验中偏差应力大于 150kPa），试件便进入屈服阶段，竖向应变逐渐增大。试件体积开始膨胀，表现为竖向压缩而侧向向外鼓出；当 $\Delta\sigma_1$ 达到一定峰值后（试验中偏差应力为 674.269kPa），由于应变已经变大，土的结构松弛，偏差应力无法继续上升，反而开始下降，逐渐趋于某一稳定值。这时，竖向应变 ε_1 和体积应变 ε_Θ 都已很大，试件进入破坏阶段。将砂土处于天然状态时的三种围压情况进行对比不难发现，在围压较小时，试样破坏时的峰值并不明显，随着围压增大，破坏时的峰值越发明显，并且随着围压增大，试样的受力屈服极限显著增加。

通过对比发现，在同处于天然状态，围压为 300kPa 时，砂土的抗压性能明显高于粉土的抗压性能。并且通过上述对比我们发现，土体的抗压性能随土体颗粒的变大而不断增高。

2.5　本章小结

本章中对于此次土工试验所使用的三轴压缩原理、剪切试验原理及试验仪器进行了描述，并且根据颗粒大小不同，从北京地铁 6 号线实地取出的土样的相关资料，最后将粗粒土、砂土、粉土按含水率不同各自均分为三种状态（干燥、饱水、天然）而后进行相关压缩剪切试验，获取土样相关的物理、力学参数。为第 4 章中的分析对比做好准备。

通过对不同土体在不同状态下的压缩剪切曲线进行分析得出以下结论：

1）综合以上分析认为不同种类（粉土、砂土、粗粒土）土，在不同状态下（饱水状态、干燥状态、天然状态）的不同的试验（三种压缩、剪切）中均表现出变形随着侧向约束力的增大而增大。

2）通过分析拟合出的摩尔-库仑曲线，可以看出：

土体在横向上（粉土、砂土、粗粒土）均表现出，土体的黏聚力的大小随着含水率（干燥、天然、饱水）的增大而减小。土体在纵向上均表现出，土体的黏聚力的大小随着土颗粒增大而增大。

3）在表 2.3 中可以看出土体的内摩擦角 φ 随含水率变化而产生微小变化，但在不同种类的土中变化不尽相同。

（1）不同种类土样在试验中均表现出天然状态与饱水状态的变形曲线走势基本相同，干燥状态下土样的抗压性能明显高于天然和饱水两种状态的土样，且其曲线峰前峰后的变化较大，峰值更为明显。

（2）土的抗压性能随着土体颗粒的变大而不断增高。

第3章 小近距双孔叠落隧道开挖的理论分析

3.1 引言

近年来，随着隧道工程建设的快速发展，在国内外任意布置浅埋双孔隧道工程实例也开始出现，但对于任意布置浅埋双孔隧道的最优间距，最危险布置角度区间等方面的研究目前还很少，虽然已经有了一些具体工程实例的数值模拟分析结论，但是在理论方面还处于初步研究阶段。浅埋条件下的任意布置双孔隧道开挖施工在力学理论上属于半无限平面中双孔洞室开挖的弹性问题，我们要对其力学性状进行分析。

3.2 平面问题的复变函数法原理

复变函数方法统一了平面问题的位移、应力、应力函数法这三种基本解决力学问题的方法和应力、位移、混合边界这三类包含了一切状况的边值问题。通过利用复变函数这一解析方法，可以把平面中原本呈现不规则形状的单连通域通过保角变换映射到简单易于求解的单位圆内域或外域的单连通域，或者把半无限平面内的单圆孔保角变换映射为无限平面中的圆环域，然后运用已经成熟的求解理论，根据该映射区域的边值条件求解映射平面中的解析函数。

3.2.1 应力函数的复势

对于无（常）体积力的平面问题，引入艾里应力函数 U 且 $\nabla^4 U = 0$。引入复自变量 $z = x + iy$ 和其共轭 $\bar{z} = x - iy$ 以代替坐标中的 x 和 y，应力函数 $U(x, y)$ 也可以看作是 z 和 $\bar{z}$ 的函数。

得到古萨公式：

$$U = \mathrm{Re}[\bar{z}\varphi_1(z) + \theta_1(z)] \tag{3-1}$$

其中，$\theta_1(z) = \int \Psi_1(z)\mathrm{d}z$ 。

上式给出了重调和方程的复势的一般解，把求解平面上的弹性力学问题归结为求解满足一定边界条件的两个解析函数 $\varphi_1(z)$ 和 $\theta_1(z)$ 的问题。

3.2.2 应力的复势表示

平面问题的应力分量可用函数 $U(x, y)$ 的二阶偏导数表示：

$$\sigma_x = \frac{\partial^2 U}{\partial y^2} ; \sigma_y = \frac{\partial^2 U}{\partial x^2} ; \tau_{xy} = -\frac{\partial^2 U}{\partial x \partial y} \tag{3-2}$$

通过推导得到第一、第二应力的复势表达式：

$$\sigma_y + \sigma_x = 4\frac{\partial^2 U}{\partial z \partial \bar{z}} = 2[\varphi'(z) + \overline{\varphi'(z)}] = 4\mathrm{Re}[\varphi'(z)] \tag{3-3}$$

$$\sigma_y - \sigma_x + 2i\tau_{xy} = 4\frac{\partial^2 U}{\partial z^2} = 2[\bar{z}\varphi''(z) + \Psi'(z)] \tag{3-4}$$

3.2.3 位移的复势表示

在平面问题中涉及应变、位移分量时，须区分平面应力和平面应变两种情况。

通过利用上式推导得到位移分量的复势表达式：

$$2G(u + iv) = \kappa\varphi(z) - z\overline{\varphi'(z)} - \overline{\Psi(z)} \tag{3-5}$$

其中，

$$2G = \frac{E}{1 + \nu}$$

$$\kappa = 3 - 4\nu \ \text{平面应变}$$

$$\kappa = \frac{3 - 4\nu}{1 + \nu} \text{平面应力}$$

3.2.4 边界条件的复势表示

根据应力函数的边界性质，通过推导将其转换成复势表示为：

$$[\varphi(z) + z\overline{\varphi'(z)} + \overline{\Psi(z)}]_s = i\int_A^B (X + iY)\mathrm{d}s \tag{3-6}$$

其中，s 表示应力边界。式（3-6）中的复变函数 $\varphi(z) + z\overline{\varphi'(z)} + \overline{\Psi(z)}$ 在应力边界 s 上任意一点 z 处的值等于基点与该点二者的面力主矢量 $\int_A^B (X + iY)\mathrm{d}s$ 乘以 i。

通过推导将平面问题中的位移边界条件转换成复势表示为：

$$[\kappa\varphi(z) + z\overline{\varphi'(z)} + \overline{\Psi(z)}]_s = 2G(\bar{u} + i\bar{v}) \tag{3-7}$$

其中，

$$2G = \frac{E}{1 + \nu}$$

$$\kappa = 3 - 4\nu \ \text{平面应变}$$

$$\kappa = \frac{3 - 4\nu}{1 + \nu} \text{平面应力}$$

3.2.5 保角变换与曲线坐标

利用保角变换，可以把半无限平面上的单圆孔域映射成为无限像平面上的圆环域，同时用像平面上的复变量数值关系来表示其在原平面上的实变量数值关系。在像平面上设法找到满足这些数值关系的解析解，再把满足这些数值关系的解析解返回原平面就得到了原问题的解析解。

保角变换：

$$z = \omega(\zeta) \tag{3-8}$$

通过保角变换可以把在原 z 平面上难求解的不规则形状映射为像 ζ 平面上的易于求解的形状。各种常见形状的保角变换解析函数 $\omega(\zeta)$ 可直接从数学家研究汇总的手册中找到。在 ζ 平面上令：

$$\zeta = \rho(\cos\theta + i\sin\theta) = \rho e^{i\theta} \tag{3-9}$$

式中的 ρ 和 θ 为 ζ 点处的极坐标，其中，ζ 平面上的一个圆周 $\rho = \mathrm{const}$ 和一根径向线 $\theta = \mathrm{const}$ 对应于 z 平面上的两根曲线。

把 z 平面中函数表达式通过保角变换为 ζ 平面中函数表达式如下：

$$\begin{cases} \varphi(\zeta) = \varphi_1(z) = \varphi_1[\omega(\zeta)] \\ \Psi(\zeta) = \Psi_1(z) = \Psi_1[\omega(\zeta)] \end{cases} \tag{3-10}$$

$$\begin{cases} \Phi(\zeta) = \varphi_1'(z) = \varphi'(\zeta)/\omega'(\zeta) \\ \Psi(\zeta) = \Psi_1'(z) = \Psi'(\zeta)/\omega'(\zeta) \\ \Phi'(\zeta) = \varphi_1''(z) \cdot \omega'(\zeta) \end{cases} \tag{3-11}$$

再将式（3-10）代入式（3-5）得：

$$\frac{E}{1+\nu}(u+iv) = \frac{3-\nu}{1+\nu}\varphi(\zeta) - \frac{\omega(\zeta)}{\overline{\omega'(\zeta)}}\overline{\varphi'(\zeta)} - \overline{\Psi(\zeta)} \tag{3-12}$$

设位移矢量在 ρ 轴及 θ 轴上的投影分别为 u_ρ 及 u_θ，则有：

$$u_\rho + iu_\theta = \frac{\bar{\zeta}}{\rho}\frac{\overline{\omega'(\zeta)}}{|\omega'(\zeta)|}(u+iv) \tag{3-13}$$

再将式（3-12）代入式（3-13）可得曲线坐标位移分量的复势表示：

$$\frac{E}{1+\nu}(u_\rho + iu_\theta) = \frac{\bar{\zeta}}{\rho}\frac{\overline{\omega'(\zeta)}}{|\omega'(\zeta)|}\left[\frac{3-\nu}{1+\nu}\varphi(\zeta) - \frac{\omega(\zeta)}{\overline{\omega'(\zeta)}}\overline{\varphi'(\zeta)} - \overline{\Psi(\zeta)}\right] \tag{3-14}$$

设 σ_ρ，σ_θ，$\tau_{\rho\theta}$ 为弹性体在曲线坐标 ρ 和 θ 中的应力分量，可得曲线坐标应力分量的复势表示如下：

$$\begin{cases} \sigma_\theta + \sigma_\rho = 4\mathrm{Re}[\Phi(\zeta)] \\ \sigma_\theta - \sigma_\rho + 2i\tau_{\rho\theta} = \frac{2\zeta^2}{\rho^2\omega'(\zeta)}[\overline{\omega(\zeta)}\Phi'(\zeta) + \omega'(\zeta)\Psi(\zeta)] \end{cases} \tag{3-15}$$

3.3 半无限平面内单洞开挖弹性问题应力解的求法

3.3.1 保角映射

Vermijt（1998）求出了在不考虑地表荷载和位移的情况下，仅在洞室周边施加均布径向荷载的半无限平面内的单圆孔开挖弹性问题的应力解。

保角映射的公式为：

$$z = \omega(\zeta) = -ih\frac{1-\alpha^2}{1+\alpha^2}\frac{1+\zeta}{1-\zeta} \tag{3-16}$$

式中，h 为孔洞埋置深度如图 3.1（a）所示，α 表示为：

$$\frac{r}{h}=\frac{2\alpha}{1+\alpha^2} \tag{3-17}$$

其中，$0<\alpha<1$。

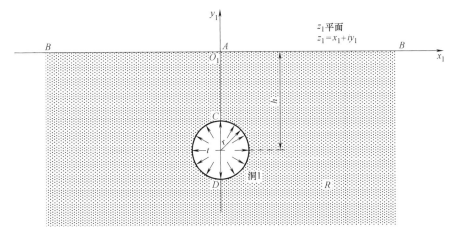

(a) 保角映射前洞室在 R 域内形状

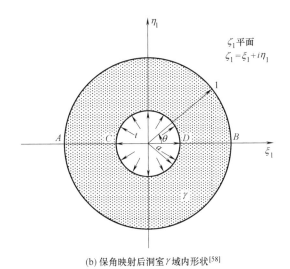

(b) 保角映射后洞室 γ 域内形状[58]

图 3.1　半无限平面内单孔保角映射

由于保角变换所得函数 $\omega(\zeta)$ 在圆环 γ 区域中可求解，那么就可以将在 R 区域内函数 $\varphi(z)$ 和 $\Psi(z)$ 转化为由 ζ 来表示的函数如下：

$$\varphi(z)=\varphi[\omega(\zeta)]=\varphi(\zeta) \tag{3-18}$$

$$\Psi(z)=\Psi[\omega(\zeta)]=\Psi(\zeta) \tag{3-19}$$

由此可知解析函数 $\varphi(z)$ 和 $\Psi(z)$ 在 ζ 平面的圆环 γ 区域可以进行求解。

通过：

（1）将解析函数 $\varphi(z)$ 和 $\Psi(z)$ 用劳伦（Laurent）级数展开式来表示；

（2）考虑地表边界条件；

（3）考虑洞室边界条件；

（4）解析函数 $\varphi(z)$ 和 $\Psi(z)$ 的劳伦级数展开表达式具有收敛性。

由以上限制条件可以将展开式中的各个系数的表达式求出。

将所求系数表达式代入解析函数 $\varphi(z)$ 和 $\Psi(z)$ 的 Laurent 级数展开表达式，最后得：

$$\varphi(\zeta)=P\left[-2i(1+\alpha^2)+2i\zeta+\frac{2i\alpha^2}{\zeta}\right] \tag{3-20}$$

$$\Psi(\zeta)=P\left[-3i(1+\alpha^2)+2i\alpha^2\zeta+i\zeta+\frac{2i}{\zeta}+\frac{i\alpha^2}{\zeta}\right] \tag{3-21}$$

其中：

$$P=\frac{\alpha^2 th}{(1-\alpha^2)(1-\alpha^4)}$$

即求出了仅在洞室边界受均布径向应力作用的半无限平面内单圆孔开挖弹性问题的解析解。

3.3.2 应力场和位移场的求解

在极坐标系下，各应力分量的计算公式为：

$$
\begin{aligned}
\sigma_\theta &= \mathrm{Re}\left\{\frac{2\varphi'(\zeta)}{\omega'(\zeta)}+\frac{\zeta^2}{\rho^2\omega'(\zeta)}\left[\overline{\omega(\zeta)}\frac{\varphi''(\zeta)\omega'(\zeta)-\varphi'(\zeta)\omega''(\zeta)}{[\omega'(\zeta)]^2}+\Psi'(\zeta)\right]\right\} \\
\sigma_\rho &= \mathrm{Re}\left\{\frac{2\varphi'(\zeta)}{\omega'(\zeta)}-\frac{\zeta^2}{\rho^2\omega'(\zeta)}\left[\overline{\omega(\zeta)}\frac{\varphi''(\zeta)\omega'(\zeta)-\varphi'(\zeta)\omega''(\zeta)}{[\omega'(\zeta)]^2}+\Psi'(\zeta)\right]\right\} \\
\tau_{\rho\theta} &= \mathrm{Im}\left\{\frac{\zeta^2}{\rho^2\omega'(\zeta)}\left[\overline{\omega(\zeta)}\frac{\varphi''(\zeta)\omega'(\zeta)-\varphi'(\zeta)\omega''(\zeta)}{[\omega'(\zeta)]^2}+\Psi'(\zeta)\right]\right\}
\end{aligned}
\tag{3-22}
$$

其中，在极坐标系下，σ_θ 为径向应力、σ_ρ 为环向应力、$\tau_{\rho\theta}$ 为剪切应力、ρ 为映射平面上的径向坐标。

此外，在直角坐标系下平面应变问题的各位移分量的计算公式如下：

$$
\begin{aligned}
u &= \mathrm{Re}\left\{\left\{\frac{(3-4\mu)(1+\mu)}{E}\varphi(\zeta)-\frac{1+\mu}{E}\left[\frac{\omega(\zeta)}{\overline{\omega'(\zeta)}}\overline{\varphi'(\zeta)}-\overline{\Psi(\zeta)}\right]\right\}\right\} \\
v &= \mathrm{Im}\left\{\left\{\frac{(3-4\mu)(1+\mu)}{E}\varphi(\zeta)-\frac{1+\mu}{E}\left[\frac{\omega(\zeta)}{\overline{\omega'(\zeta)}}\overline{\varphi'(\zeta)}-\overline{\Psi(\zeta)}\right]\right\}\right\}
\end{aligned}
\tag{3-23}
$$

在两坐标轴方向上，式（3-23）中的 u 和 v 分别表示水平方向位移和垂直方向位移。

通过计算机编程可以求解出单孔洞的各应力值和水平、垂直方向的位移。

复变方法可成功地用于解决半无限弹性平面中单圆孔的问题。通过将半无限弹性平面中的单圆孔保角映射到无限平面中的一个圆环，发现边界条件可以确定逼近复应力函数的劳伦级数的系数。在此解法中，劳伦级数的收敛性保证了所必需的一个系数的确定。这个条件可以满足数值逼近系数，然后在无限远处要求该系数趋向零。

3.4 无限弹性介质中平行双圆孔的相互影响

Goodier 和 Timoshenko（1970）通过在无穷远处施加应力对在无限弹性板中的圆孔

这个问题进行了描述，最后求出了在无限弹性平面中单孔洞的地表位移沉降近似值，但是，求出的这个近似值仅适用于深埋双孔隧道这一工况，对于浅埋双孔隧道开挖弹性问题的求解必须考虑地表自由面对其边界条件的影响。

Verruijt（1998）通过使用复变函数法求解出了半无限平面下单孔隧道开挖弹性问题的应力、位移解的解析解，Sagaseta（1987）采用镜像法原理得到应力、位移的近似解。在无限或半无限弹性介质中的单个或多孔洞边界附近的应力集中分析是个相当重要的问题。在采矿行业中，特别关注地表的位移沉降问题，因为过大的地表沉降将会造成巨大的破坏，同时也导致极大的经济损失，类似的破坏也可能发生在人口密集城市地区的隧道工程建设中。出现多孔隧道施工建设时地表沉降的预测与现场实际测量的结果通常不能很好地匹配这一情况，可能是由于双孔隧道之间的相互作用所导致的。如果隧道之间的间距很大，单孔隧道对地表沉降的影响简单的叠加和现场实测的结果很吻合。

2001 年，C. B. Kooi 采用双极坐标计算了小近距双孔平行隧道的应力场，用 FLAC^{2D} 和 PLAXIS 两个数值模拟软件对数值计算结果进行比较，发现圆孔的相互影响确实会导致地表位移沉降的增加。给出了通过多次变换达到精度要求的过程，但是不能给出位移的表达式。

本书给出了能尽可能逼近精确值的一般方法。为了验证结果，将计算所得数据与用有限差分法 FLAC^{2D} 和有限元法的解决方案的数值分析结果进行对比。

见图 3.2，本书将忽略深埋小近距平行双孔隧道所受地表自由面的影响。

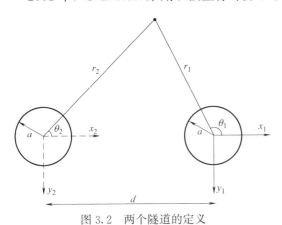

图 3.2 两个隧道的定义

3.4.1 解决方法

Timoshenko 和 Goodier（1970）给出了在无限介质中边界为任意荷载的单圆孔弹性问题的一般解决方案。如果在无穷远处无荷载，这种解决方案可以写成：

$$u_r = \sum_{j=0}^{\infty} \left\{ A_j \left(\frac{a}{r} \right)^{j+1} + B_j (j+2-4\nu) \times \left(\frac{a}{r} \right)^{j-1} \right\} a \cos j\theta \tag{3-24}$$

$$u_\theta = \sum_{j=0}^{\infty} \left\{ A_j \left(\frac{a}{r} \right)^{j+1} + B_j (j-4+4\nu) \times \left(\frac{a}{r} \right)^{j-1} \right\} a \sin j\theta \tag{3-25}$$

其中，a 是圆孔的半径，$B_0 = B_1 = 0$。

对平面应变问题中的应力和位移分量求解如下：

$$\frac{\sigma_{rr}}{2\mu} = -\sum_{j=0}^{\infty} \left\{ A_j (j+1) \left(\frac{a}{r} \right)^{j+2} + B_j (j+2)(j-1) \times \left(\frac{a}{r} \right)^{j} \right\} \cos j\theta \tag{3-26}$$

$$\frac{\sigma_{\theta\theta}}{2\mu} = \sum_{j=0}^{\infty} \left\{ A_j (j+1) \left(\frac{a}{r} \right)^{j+2} + B_j (j-2)(j-1) \times \left(\frac{a}{r} \right)^{j} \right\} \cos j\theta \tag{3-27}$$

$$\frac{\sigma_{r\theta}}{2\mu}=-\sum_{j=0}^{\infty}\left\{A_j(j+1)\left(\frac{a}{r}\right)^{j+2}+B_jj(j-1)\times\left(\frac{a}{r}\right)^j\right\}\sin j\theta \qquad (3\text{-}28)$$

孔洞1边界条件的参数，代表孔洞的径向拉伸应力，平衡了未扰动介质的均匀（压缩）应力为 p_0。孔洞1边界上的荷载在径向正应力和剪切应力的影响可以确定的解决方案如上文所述，这些压力不等于零。如上述所给出的，围绕在孔洞2的应力分布可以扩展为以中心点为坐标的傅里叶级数，这些压力平衡后在孔洞2边界施加的大小相等，方向相反的力，扩展为傅里叶级数。其中，r 是两孔洞中心点连线的距离。由此孔洞1边界的计算所得的应力，再次证明其不等于零。这种围绕孔洞1的应力可以扩展为以中心点为坐标的傅里叶级数，反过来，这些压力可以平衡孔洞1边界的荷载。迭代一直持续到孔洞边界合应力几乎是零。这种方法被齐默尔曼（1988）用于孔洞2边界应力的修正构造一个二阶近似值。通过上述步骤，使用其中一个孔洞的应力和位移场的通用表达式，并对另一个孔洞边界使用傅里叶级数展开式产生的应力，所有这些相对简单计算步骤可以由计算机编程执行，误差可以近似到无限小。当然，达到一定的逼近精度的迭代次数取决于两孔洞的间距。在计算机编程时，当合应力小于 10^{-10} 时迭代停止。

3.4.2 应力

两孔洞中心点连线的距离为 d，对 $d/a=2.1\sim10.0$ 的范围已进行计算。当两隧道的间距非常大时，二者的相互影响很小，每个隧道在无限弹性介质中产生应力的简单叠加足够逼近精确值。验证小近距隧道条件下这种方法的效果，将两隧道之间切向应力的计算结果，与使用计算机数值模拟软件 FLAC^{2D} 和 PLAXIS 得到数值结果进行比较。当 $d/a=4$ 时，得到的结果示于图3.3。两隧道相互影响通过计算机编程的计算结果非常接近数值模拟的结果，数值解略大于数值分析解，特别是在靠近孔洞边界的状况下。

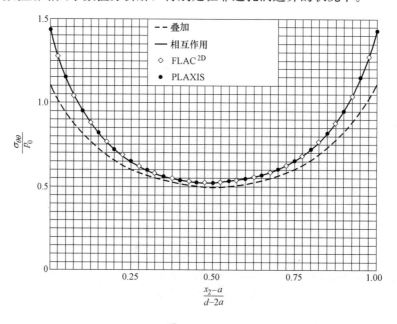

图 3.3 FLAC^{2D} 和 PLAXIS 结果的比较

3.4.3　位移

本书所列的逐次逼近法的最大优点是给出了闭合单圆孔的位移的表达式。例如：图 3.4 所示地表位移沉降 $y=d$，泊松比的值 $v=0.25$ 和 $d/a=4$，这意味着两孔洞的净间距等于他们半径之和。通过计算机编程获得的数据，实线的结果为两个孔洞的相互影响的计算值，而虚曲线获得的结果是通过两个孔洞相互影响的简单叠加。在这种情况下看来，两孔洞的相互影响会导致中心对称轴位置的位移沉降增大 15%。当两孔洞之间的间距很小时，二者之间的相互影响很大，当两孔洞非常接近时，地表位移沉降值几乎增加了一倍。

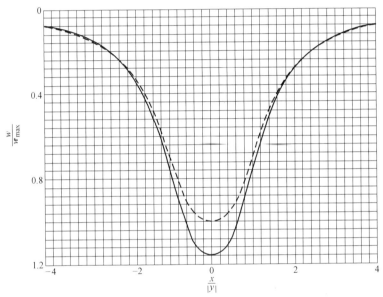

图 3.4　当 $y=d$ 时等比例缩小的地表位移沉降值

3.4.4　小结

随着间距的减小，双孔隧道之间的相互影响增加，可以通过计算机编程用步骤相对简单的迭代过程实现对双孔洞的相互影响的计算。

3.5　Schwarz 交替法的基本原理

Schwarz 交替法最早源于 1870 年，Schwarz 使用该方法对在非凸平面区域上拉普拉斯（Laplace）方程的第一边值问题进行了求解。后来将"交替方向法""成块迭代法"这一类方法联系起来，并进行推广，逐渐形成了现在所用的 Schwarz 交替法。Schwarz 交替法是一种通过迭代运算将原来难于求解的双连通域转化为易于求解的单连通域问题，然后通过求解出的单连通域问题的表达式用来表示双连通域问题解的解析方法。在数学理论上，Mikhlin（1934）、Soboldff（1936）通过数学推导分别证明了 Schwarz 交替法在空间二维、三维上都是收敛的。

图 3.5 给出了最一般情形下双圆孔洞室的 Schwarz 交替法计算模型以用来适应现实隧道洞室开挖形状的多样性，当为深埋时仅受来自无穷远处的荷载，可以不考虑重力梯度的影响。

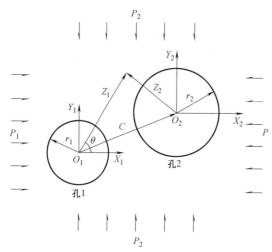

如图 3.5 所示，z_1 是 $x_1 O_1 y_1$ 坐标系下的坐标；z_2 是 $x_2 O_2 y_2$ 坐标系下的坐标；C 是任意布置两孔洞的中心点的距离矢量；P_1，P_2 为两孔洞在无穷远处所受的竖直应力和水平应力。图 3.5 中所给出的无穷远处的初始地应力分量 P_1，P_2 均是以压应力为正，两孔洞边界不受力的约束。

本书仅讨论了无限平面上任意布置双孔洞开挖弹性问题的应力边值问题。

图 3.5　任意布置双圆孔平行洞室的计算模型

以任意布置双圆孔平行洞室开挖问题的求解为例，Schwarz 交替法的基本原理如下：

（1）利用柯西积分法求出在无限弹性介质中仅对洞 1 进行开挖问题的应力解；

（2）洞 2 未开挖，但是可以求出因洞 1 开挖而在洞 2 将要开挖位置的边界产生的应力（把该应力称为洞 2 边界的附加面力）；

（3）继续对洞 2 进行开挖，此时在洞 2 边界作用一附加应力的反面力，使得洞 2 边界合面力为 0；

（4）假如洞 1 尚未开挖，求出在洞 2 边界仅存有反面力这一作用下的应力解；

（5）求出已开挖受反面力作用的洞 2 在假定未开挖的洞 1 边界所引起的附加面力；

（6）为了使两个孔洞边界上所产生的附加面力为零，需进行迭代运算，直到两孔洞边界的合面力均为 0（不可能为零，只要迭代小到一定程度时计算结果已经足够逼近真实值即可），然后把所有迭代次数计算所得的结果进行简单的累加求和就可得到所要求的应力解。

当两孔洞的边界各加一次反面力即完成一次迭代过程（首次仅在洞 2 边界加一次反面力即完成了相对特殊的第一次迭代过程）。

3.6　半无限平面内任意布置浅埋双孔隧道开挖弹性问题的求解

3.6.1　问题的描述

如图 3.6 所示，为在 z 平面上半无限平面内任意布置等径双圆孔的弹性问题，不受地表应力影响，仅受施加在洞室圆形边界上的一个关于洞室边界函数的荷载的影响，两孔洞半径相等，均为 r，两孔洞埋置深度如图 3.6 所示，分别为 h_1、$h_2 = h_1 + d\sin\theta$，两孔洞内部边界受到不同均布径向应力分别为 t_1、t_2，两孔洞的中心点连线距离为 d，地表水平面与两隧道孔洞中心点连线的夹角为 θ。

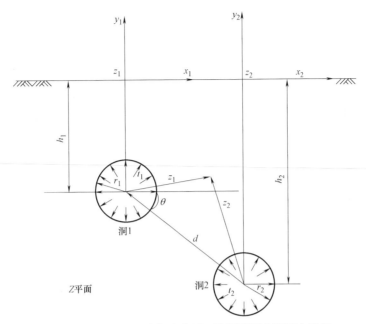

图 3.6 半无限平面内任意布置双孔圆形洞室断面布置图

3.6.2 Schwarz 交替法求解流程

根据 Schwarz 交替法，对于半无限平面中任意布置双孔圆形隧道开挖弹性问题的求解，不受地表应力影响且仅受作用于孔洞边界上的均布径向应力的求解步骤：

（1）仅开挖作用于孔洞边界均布径向应力 t_1 的洞 1 时，根据 Vermijt（1998）对半无限介质中单孔洞开挖弹性问题的求解得出两个应力函数为：

$$\varphi_1^1(\zeta_1) = P\left[-2i(1+\alpha^2) + 2i\zeta_1 + \frac{2i\alpha^2}{\zeta_1}\right] \tag{3-29}$$

$$\Psi_1^1(\zeta_1) = P\left[-3i(1+\alpha^2) + 2i\alpha^2\zeta_1 + i\zeta_1^2 + \frac{2i}{\zeta_1} + \frac{i\alpha^2}{\zeta_1^2}\right] \tag{3-30}$$

其中，

$$P = \frac{\alpha^2 th}{(1-\alpha^2)(1-\alpha^4)}$$

（2）直接利用解析函数 $\varphi_1^1(\zeta_1)$ 和 $\Psi_1^1(\zeta_1)$ 来求出假定洞 2 尚未开挖时在其边界产生的附加面力：

$$f_1(\sigma_2) = \varphi_1(\gamma_1) + \frac{\omega_1(\gamma_1)}{\overline{\omega_1'(\gamma_1)}}\overline{\varphi_1'(\gamma_1)} + \overline{\Psi_1(\gamma_1)} \tag{3-31}$$

由于应力值与位移变化无关，因此不需要对两复应力函数进行变换（该变换过程太复杂），可以简化为对相应的坐标点进行变换得：

$$\gamma_1 = \frac{(1+\alpha^2)(\omega_2(\sigma_2)+d) + ih(1-\alpha^2)}{(1+\alpha^2)(\omega_2(\sigma_2)+d) - ih(1-\alpha^2)} \tag{3-32}$$

其中，

$$\omega_2(\sigma_2) = -ih \frac{1-\alpha^2}{1+\alpha^2} \frac{1+\sigma_2}{1-\sigma_2}$$

$$\frac{\omega_1(\zeta_1)}{\omega_1'(\zeta_1)} = \frac{-\alpha\sigma-(1-2\sigma^2)+\alpha(2-\alpha^2)\sigma^{-1}-\alpha^2\sigma^{-2}}{2(1-\alpha\sigma)}$$

（3）假定孔洞 1 未开挖，先对孔洞 2 进行开挖，在孔洞 2 圆周边界受均布径向应力 t_2 和反面 $-f_1^1(\sigma_2)$ 的作用，从而求出该作用下的应力函数 $\varphi_2^1(\zeta_2)$ 和 $\Psi_2^1(\zeta_2)$。

以上为 Schwarz 交替法完成一次迭代过程，然后对这一迭代过程进行多次求解，直到两个孔洞洞室边界所受的合面力为零即可停止迭代，然后把所有迭代次数运算所得的结果进行累加求和即为所要求问题的解析解。

附加面力的确定：

式（3-31）所求的孔洞 2 洞室边界的附加面力 $f_1(\sigma_2)$ 是一个呈周期分布的矢量函数，可以通过利用有限项数的复数级数来进行逼近 $f_1(\sigma_2)$ 将其显式地表示出来为：

$$f_1(\sigma_2) = \sum_{k=-L}^{L} D_k \sigma_2^k \tag{3-33}$$

其中，D_k 为复数且为 σ_2 的各幂次项的系数。当式中 L（一般取 $L=100$）的值达到足够大时，所求附加面力的值已足够逼近精确值。

应力场和位移场的求解：

根据上述求解的计算过程，进行足够次的迭代，将所有次迭代计算所得结果进行累加求和得到原问题的解。由上述方法计算所得的两复应力函数为 $\varphi(\zeta)$ 和 $\psi(\zeta)$，其在极坐标系下各应力分量的计算公式为：

$$\sigma_\theta = \mathrm{Re} \left\{ \frac{2\varphi'(\zeta)}{\omega'(\zeta)} + \frac{\zeta^2}{\rho^2\omega'(\zeta)} \left[\overline{\omega(\zeta)} \frac{\varphi''(\zeta)\omega'(\zeta)-\varphi'(\zeta)\omega''(\zeta)}{[\omega'(\zeta)]^2} + \Psi'(\zeta) \right] \right\}$$

$$\sigma_\rho = \mathrm{Re} \left\{ \frac{2\varphi'(\zeta)}{\omega'(\zeta)} - \frac{\zeta^2}{\rho^2\omega'(\zeta)} \left[\overline{\omega(\zeta)} \frac{\varphi''(\zeta)\omega'(\zeta)-\varphi'(\zeta)\omega''(\zeta)}{[\omega'(\zeta)]^2} + \Psi'(\zeta) \right] \right\} \tag{3-34}$$

$$\tau_{\rho\theta} = \mathrm{Im} \left\{ \frac{\zeta^2}{\rho^2\omega'(\zeta)} \left[\overline{\omega(\zeta)} \frac{\varphi''(\zeta)\omega'(\zeta)-\varphi'(\zeta)\omega''(\zeta)}{[\omega'(\zeta)]^2} + \Psi'(\zeta) \right] \right\}$$

其中，在极坐标系下，σ_θ 为径向应力、σ_ρ 为环向应力、$\tau_{\rho\theta}$ 为剪切应力；ρ 为映射平面上的径向坐标。

此外，直角坐标系下平面应变问题的各位移分量的计算公式如下：

$$u = \mathrm{Re} \left\{ \left\{ \frac{(3-4\mu)(1+\mu)}{E} \varphi(\zeta) - \frac{1+\mu}{E} \left[\frac{\omega(\zeta)}{\overline{\omega'(\zeta)}} \overline{\varphi'(\zeta)} - \overline{\Psi(\zeta)} \right] \right\} \right\}$$

$$v = \mathrm{Im} \left\{ \left\{ \frac{(3-4\mu)(1+\mu)}{E} \varphi(\zeta) - \frac{1+\mu}{E} \left[\frac{\omega(\zeta)}{\overline{\omega'(\zeta)}} \overline{\varphi'(\zeta)} - \overline{\Psi(\zeta)} \right] \right\} \right\} \tag{3-35}$$

在两坐标轴方向上，式（3-35）中的 u 和 v 分别表示水平方向位移和垂直方向位移。

通过利用计算机编写程序可以实现半无限平面中浅埋任意布置双孔隧道开挖弹性问题的求解。

3.7 任意位置浅埋双孔隧道开挖问题求解的实现

虽然利用上述方法对半无限弹性平面内受均布径向应力作用的两圆形孔洞开挖问题求

解的计算过程极其复杂，但是由于其遵循了固定的计算步骤，易于运用计算机编写程序来实现。

按照上述计算步骤，本书拟采用 Java 语言编制相关的计算程序，具体的程序编制流程图如图 3.7 所示。由于零面力永远不能达到，因此在程序实际的计算过程中，将每次计算所得的孔洞 1 洞室边界上各点附加面力在 x 和 y 两方向上的分量均小于设定的 0.1Pa 时，则可以认为条件满足，停止运算，输出结果。

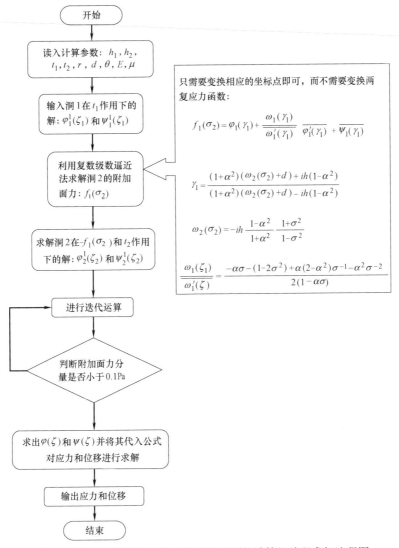

$$f_1(\sigma_2) = \varphi_1(\gamma_1) + \frac{\omega_1(\gamma_1)}{\omega_1'(\gamma_1)} \overline{\varphi_1'(\gamma_1)} + \overline{\psi_1(\gamma_1)}$$

$$\gamma_1 = \frac{(1+\alpha^2)(\omega_2(\sigma_2)+d)+ih(1-\alpha^2)}{(1+\alpha^2)(\omega_2(\sigma_2)+d)-ih(1-\alpha^2)}$$

$$\omega_2(\sigma_2) = -ih\frac{1-\alpha^2}{1+\alpha^2}\frac{1+\sigma^2}{1-\sigma^2}$$

$$\frac{\omega_1(\zeta_1)}{\omega_1'(\zeta)} = \frac{-\alpha\sigma-(1-2\sigma^2)+\alpha(2-\alpha^2)\sigma^{-1}-\alpha^2\sigma^{-2}}{2(1-\alpha\sigma)}$$

图 3.7　任意布置浅埋双孔隧道弹性问题的计算机编程求解流程图

在计算程序中，需要输入如下计算参数：

h_1——隧道 1 的埋深，即地表面至隧道开挖中心的距离（m）；

h_2——隧道 2 的埋深，即地表面至隧道开挖中心的距离（m），$h_2 = h_1 + d\sin\theta$；

　r——隧道的开挖半径（m）；

　d——两隧道中心距离（$d > 2r$）（m）；

θ——水平面与两隧道空洞中心连线的夹角；

t_1——隧道 1 的均布径向应力（Pa）；

t_2——隧道 2 的均布径向应力（Pa）；

E——围岩的弹性模量（Pa）；

μ——围岩的泊松比。

3.8 本章小结

本章基于现有文献对半无限平面中任意布置双孔隧道开挖的弹性问题进行了研究。首先给出了利用复变函数法对半无限平面中单孔洞开挖的弹性问题进行求解的过程，这是求解双孔洞开挖问题的基础。借鉴国外学者对无限介质中两平行孔洞弹性问题的求解过程及国内学者对任意布置双孔问题的研究，本章综合利用 Schwarz 交替法和复变函数法，仅给出了浅埋任意布置双孔隧道开挖的弹性问题的解析解的求解过程。其中的难点为通过级数逼近对附加面力进行求解。因时间和作者计算机水平的限制，未能给出计算机编程程序。读者通过对上述理论研究学习，对于理解任意位置浅埋双孔隧道的受力、变形有一定帮助。

第4章 小近距任意布置双孔叠落隧道地表沉降数值分析

4.1 引言

通过数学和力学的计算，可以得到在一定假定基础上任意位置浅埋双孔隧道开挖弹性问题的解析解。但是由于土体变形是弹塑性的，理论计算必将与隧道施工的现场实测结果有一定差异。借助计算机数值模拟软件，可以对双孔隧道地表位移沉降的多个影响因素进行研究。通过对数值模拟计算结果的分析，得出了可以对以后类似隧道工程设计施工作出指导的结论。

本章采用有限差分法FLAC软件，结合北京地铁6号线南锣鼓巷站至东四站双孔隧道施工的实际工况，重点分析隧道间距和角度这两个对任意位置双孔隧道的相互影响影响最大的因素。相关文献资料对数值模拟计算中两个影响因素的取值分别为：

间距 d（两隧道中心点连线的距离）：7m，7.5m，8m，9m，12m，15m，18m，21m，24m。

角度 θ（两隧道中心点连线与地表水平面的夹角）：0°，10°，20°，30°，40°，45°，50°，60°，70°，80°，90°。

总共99种计算工况，计算条件如表4.1所示。

计算工况表   表4.1

计算工况	覆土埋深(m)	间距(m)	角度
1～11	12	7	0°,10°,20°,30°,40°,45°,50°,60°,70°,80°,90°
12～22	12	7.5	0°,10°,20°,30°,40°,45°,50°,60°,70°,80°,90°
23～33	12	8	0°,10°,20°,30°,40°,45°,50°,60°,70°,80°,90°
34～44	12	9	0°,10°,20°,30°,40°,45°,50°,60°,70°,80°,90°
45～55	12	12	0°,10°,20°,30°,40°,45°,50°,60°,70°,80°,90°
56～66	12	15	0°,10°,20°,30°,40°,45°,50°,60°,70°,80°,90°
67～77	12	18	0°,10°,20°,30°,40°,45°,50°,60°,70°,80°,90°
78～88	12	21	0°,10°,20°,30°,40°,45°,50°,60°,70°,80°,90°
89～99	12	24	0°,10°,20°,30°,40°,45°,50°,60°,70°,80°,90°

由于实际的隧道工程是三维问题，任意位置隧道的相互影响还受围岩条件、施工进度、施工工艺、相邻隧道的超前距离、已建建筑物、初始地应力等因素的影响。本章为了减少计算时间，利用 $FLAC^{2D}$ 同样能够达到对不同因素下任意位置双孔隧道稳定分析的目的。

4.2 有限差分法 FLAC 数值模拟分析

4.2.1 FLAC 的基本原理

FLAC 软件是在有限差分法理论基础上利用拉格朗日元法对连续介质进行快速分析的一款计算机程序。FLAC 是由美国 Itasca 咨询公司在 1984 年研发成功的，并在 1990 年引入中国，按其可利用拉格朗日元法对连续介质进行计算的维数可分为 $FLAC^{2D}$（1986 年）和 $FLAC^{3D}$（1994 年）两个版本。FLAC 在土木工程的各个领域中得到了广泛应用，特别是在岩土工程领域，它能够很好地模拟岩石、土体及其他地质结构所受力及其发生变形时的特征。FLAC 软件把该方法应用于固体力学中，把计算对象划分成网格，对网格中单元体的结点进行监测。

4.2.2 FLAC 应用范围

FLAC 可以用来模拟岩土材料产生破坏及其流动时的特性，可以用来模拟分析岩土材料的渐进破坏失稳及大变形的问题。$FLAC^{3D}$ 本身就带有 11 种常用的本构模型（1 种空模型、3 种弹性模型、7 种塑性模型）、5 种计算模式（静力、动力、蠕变、渗流、温度模式）和多种常用的结构形式，并可通过内嵌的 FISH 语言自定义材料本构、边界条件及模型变量等，具有强大的拓展性。$FLAC^{3D}$ 的计算是通过采用完全动态运动方程的方式来显示求解的，在模拟物理状态下力学不稳定的问题情况时进行非线性求解运算的速度较快，因此 $FLAC^{3D}$ 软件被广泛应用于岩土工程等众多的工程领域。

4.2.3 FLAC 计算原理

FLAC 通常采用离散模型、有限差分和动态松弛这三种方法来对研究问题进行计算求解。进行计算求解的步骤如下：（1）用离散模型法把连续介质分成多个有连接的独立单元体；（2）利用有限差分法来得到空间、时间一阶导数的近似；（3）对各质点运动的方程进行求解。$FLAC^{3D}$ 分析问题的过程分为前处理和后处理。前处理包括三个基本设置：①建立网格，根据工程外形条件设定求解模型的几何形态；②本构关系和岩土体材料属性，$FLAC^{3D}$ 内置 11 种本构关系，可方便模拟岩土体的应力-应变关系，岩土体的材料属性包括弹性可变形特性和强度特性，设定这一项可以模拟岩土体在外力作用下的力学响应；③边界和初始条件，包括建立与现场相似的模型约束、应力状态。前处理是通过上述 3 个设定完成初始模型的建立。

后处理是在模型建立、支护、开挖完成后，查看计算结果。后处理常用项目有：应力云图、位移云图、最大不平衡力的变化、变形矢量图、塑性区分布。通过这些图表可以定性、定量分析模型的应力-应变关系，进而推测实际工程稳定状况。

1）有限差分法

有限差分法：在对偏微分方程进行求解的时候，采用近似公式来代替偏微分方程中每一处的导数，从而将求解偏微分方程转换化为求解代数方程的问题。在 FLAC 软件中，进行计算的过程中通过混合-离散法把连续介质划分为四面体单元的集合体，通过利用四面体单元进行求解计算。如图 4.1 所示，把四面体单元中的四个节点进行编号。与节点 n 相对的面表示为面 n，设四面体单元内部的点速率分量为 $v_i = 1, 2, 3, 4$ 由高斯公式可得：

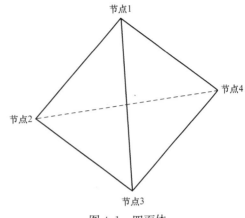

图 4.1　四面体

$$\int_v v_{i,j} \, \mathrm{d}V = \int_s v_i n_j \, \mathrm{d}S \tag{4-1}$$

其中：V——表示四面体的体积；

　　S——表示四面体的外表面积；

　n_j——表示四面体外表面上的单位法向量的分量。

由于常应变单元中的点速率分量 v_i 呈线性分布，而 n_j 在四面体的每个面上均为常量，得：

$$v_{i,j} = \frac{1}{3V} \sum_{i=1}^{4} v_i^l n_j^{(l)} S^{(l)} \tag{4-2}$$

2）运动方程

在 FLAC 中，力和质量均集中分布在作为计算对象的四面体单元各个节点，可由运动方程（4-3）来进行计算求解。

$$\frac{\partial v_i^l}{\partial t} = \frac{F_i^l(t)}{m^l} \tag{4-3}$$

式中，$F_i^l(t)$ 为计算所得的节点 1 在 l 这一方向上 t 时的不平衡力分量；m^l 为四面体单元均分在节点 1 上的质量。

利用中心差分法对微分进行近似得：

$$v_i^l \left[t + \frac{\Delta t}{2} \right] = v_i^l \left[t - \frac{\Delta t}{2} \right] + \frac{F_i^l(t)}{m^l} \Delta t \tag{4-4}$$

3）应力、应变及不平衡力

可通过公式（4-5）所示的速率函数方程对节点在某一时步的单元应变增量进行求解：

$$\Delta e_i^j = \frac{1}{2}(v_i^j + v_j^i) \Delta t \tag{4-5}$$

式中的速率 v_i，v_j 可以通过式（4-2）计算求得。

四面体单元应变增量、应力增量都能通过该本构方程计算求解得到，对每一个时步进行计算所得的应力增量进行累加求和即可得到总应力。

4）阻尼力

利用 FLAC^{3D} 对静态问题进行处理时，将非黏性阻尼这一系数添加到式（4-3）所示的不平衡力方程中，以便使原系统的运动可以逐渐衰减至极限平衡这一状态，这时式（4-3）变换为：

$$\frac{\partial v_i^l}{\partial t}=\frac{F_i^t(t)+f_i^l(t)}{m^l} \tag{4-6}$$

阻尼力 $f_i^l(t)$ 为：

$$f_i^l(t)=-\alpha\left|F_i^l(t)\right|\operatorname{sign}(v_i^l) \tag{4-7}$$

α 为阻尼系数，一般默认值为 0.8，而

$$\operatorname{sign}(y)=\begin{cases}+1 & y>0 \\ -1 & y<0 \\ 0 & y=0\end{cases} \tag{4-8}$$

5）Lagrangian 网格

在 Lagrangian 网格划分过程中，网格划分所产生的节点和单元等会随着原整体材料的移动而产生移动，当网格的边界和接触面与单元体边缘保持一致时，使得处理过程变得较为简单。同时，随着原整体材料的移动积分点也产生移动，本构方程对相同的材料点处进行赋值，这样的计算特性对于相关材料是十分有利的。基于以上这些原因，Lagrangian 网格被广泛应用于固体力学中，同样也被应用于 FLAC^{3D} 的计算模式中。

6）显示计算循环

在 FLAC^{3D} 软件中，通常采用显式差分这一算法来对运动、动力方程进行求解。FLAC^{3D} 采用混合-离散法将区域划分为四面体，通过四面体进行计算求解，单元之间采用结点相互连接。

在计算过程中，首先将载荷施加于某一节点，可采用包含时间步长参数的有限差分表达式来表示此节点的运动方程，施加在节点的荷载仅会在微小的时间段内对荷载节点周围的几个节点产生影响，软件会根据四面体单元各个节点的速度变化和时间段来计算出各个单元体之间所产生的相对移动及单元体产生的应变，进而根据用户所选用的单元体材料适用的本构方程即可将单元体的应力求出，不断循环重复上述的计算，导致计算的范围不断扩大，直至计算范围扩大到模型计算的边界。FLAC 软件通过采用最大不平衡力这一参数来描述其逐渐收敛的计算过程，当各个单元体的最大不平衡力有逐渐减小的趋势，则说明该计算是稳定可行的。当利用 FLAC^{3D} 软件来求解大变形工况时，通常是通过利用小变形本构方程的各时步的叠加得到最终的大变形解。

计算步骤如下：

（1）由已知作用于网格节点的力通过平衡方程、动量方程求得速度；

（2）运用 Gauss 这一定律由速度这一参数来求解出该模型的应变率；

（3）FLAC^{3D} 本身自带多个岩土本构模型（即 1 个空模型、3 个弹性模型、7 个塑性模型），从中选用最符合工程要求的模型，通过应变率计算得到新的应力；

（4）利用单元积分根据应力求得新的节点力。

完成上述 4 步称为一个计算循环，即一个时步，经过多次循环，可以求得岩土体应力-应变关系。

计算循环如图 4.2 所示。

4.2.4 摩尔-库仑（Mohr-Coulomb）弹塑性模型

由于小近距双孔隧道之间的相互影响较大，则采用摩尔-库仑本构对其进行模拟。

1）增量弹性定律

在 FLAC 程序运行过程中，用到了主应力 σ_1，σ_2，σ_3，以及平面外应力 σ_{zz} 来将上述弹塑性模型进行实现。用应力的张量分量计算出主应力及其方向（压应力为负）：

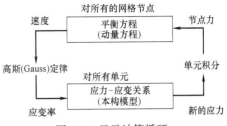

图 4.2　显示计算循环

$$\sigma_1 \leqslant \sigma_2 \leqslant \sigma_3 \tag{4-9}$$

主应变增量 Δe_1，Δe_2，Δe_3 相应的分解为：

$$\Delta e_i = \Delta e_i^e + \Delta e_i^p \quad i=1,3 \tag{4-10}$$

上式中，带上标 e 的为弹性部分、带上标 p 的为塑性部分，在塑性变形过程中塑性应变的值不为 0。

胡克定律关于主应力、主应变的增量公式为：

$$\begin{cases} \Delta\sigma_1 = \alpha_1 \Delta e_1^e + \alpha_2 (\Delta e_2^e + \Delta e_3^e) \\ \Delta\sigma_2 = \alpha_1 \Delta e_2^e + \alpha_2 (\Delta e_1^e + \Delta e_3^e) \\ \Delta\sigma_3 = \alpha_1 \Delta e_3^e + \alpha_2 (\Delta e_1^e + \Delta e_2^e) \end{cases} \tag{4-11}$$

其中，$\alpha_1 = K + 4G/3$；$\alpha_2 = K - 2G/3$。

$K = \dfrac{E}{3(1-2\nu)}$ 为材料的体积模量；$G = \dfrac{E}{2(1+\nu)}$ 为材料的剪切模量。

2）屈服函数

根据式（4-9）中所作的假设，在平面（σ_1，σ_3）和应力空间中对破坏准则进行如图 4.3 所示的描述。

由摩尔-库仑屈服函数的定义可以得到图 4.3 中的 A 至 B 点的破坏包络线公式如下：

$$f^s = \sigma_1 - \sigma_3 N_\phi - 2c\sqrt{N_\phi} \tag{4-12}$$

B 点到 C 点的拉应力破坏函数为：

$$f^t = \sigma^t - \sigma_3 \tag{4-13}$$

其中，φ 为内摩擦角，c 为黏聚力，σ^t 为抗拉强度。

$$N_\phi = \frac{1+\sin\varphi}{1-\sin\varphi} \tag{4-14}$$

由此可以发现：最大和最小主应力在剪切应力屈服函数中起作用；中间主应力不起作用。

对于内摩擦角为 0 的材料，其抗拉强度不可以超过 σ_{max}^t：

$$\sigma_{max}^t = \frac{c}{\tan\varphi} \tag{4-15}$$

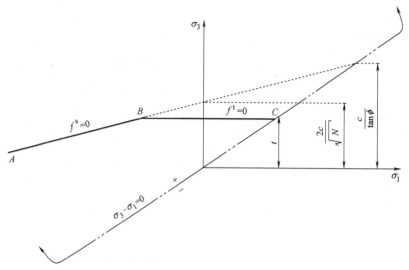

图 4.3　摩尔-库仑强度准则

4.3　任意布置浅埋双孔隧道的有限差分法数值模拟

4.3.1　计算模型的建立

由于现在城市中地铁工程施工建设所采用的隧道布置大部分属于浅埋且使用盾构法施工开挖。故隧道直径 D 取 6m，覆土埋深取 12m。计算参数的选取：所处围岩为 V 级围岩，弹性模量 E 为 50MPa，泊松比 μ 为 0.3，重度 γ 为 $20\mathrm{kN/m^3}$。建立模型如图 4.4 所示。为尽量减小边界效应的影响，计算模型的计算边界取长度为 80m，宽度为 60m；因隧道开挖所处土体为弹塑性体，故本构模型采用摩尔-库仑弹塑性模型。计算模型的应力边界条件设置为：上表面为不受约束的地表自由面，左右两侧面边界受到水平位移的约束，底部边界同时受水平和垂直位移的约束。

4.3.2　隧道开挖模拟的 FLAC 实现

1）初始地应力平衡

在 FLAC 模拟中，只考虑岩体的自重应力，忽略其构造应力和考虑构造应力两种方法可用来模拟初始地应力，由于本章研究的是隧道开挖对地表位移及变形的影响，隧道属于浅埋隧道，所以仅需对围岩施加自重应力场，不需考虑其构造应力。

2）开挖与支护结构的模拟

在 FLAC 模拟中，用空模型来进行模拟隧道的开挖，它表示被移除或开挖的材料。在数值模拟时不考虑支护结构。

3）两孔洞开挖次序

根据设定，编程可以先开挖孔洞 1，释放一定应力，然后再开挖孔洞 2。或者先开挖孔洞 2，释放一定应力后再开挖孔洞 1。本章模拟两孔洞同时开挖时，对地表位移及变形的影响。

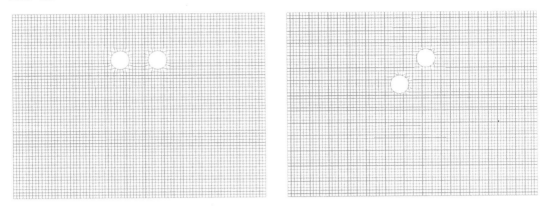

(a) 间距为12m，角度为0°的网格划分图　　　　(b) 间距为12m，角度为45°的网格划分图

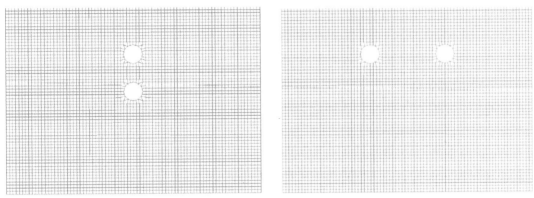

(c) 间距为12m，角度为90°的网格划分图　　　　(d) 间距为24m，角度为0°的网格划分图

图 4.4　计算模型的网格划分图

4.4　模拟计算结果分析

通过上述参数设置进行的数值模拟通过分析计算，可以得到任意布置浅埋双孔隧道开挖所处围岩的塑性区、应力场分布、地表位移及变形。本章重点讨论任意位置两行隧道在不同间距、不同角度下开挖时，地表位移沉降的变化规律。

4.4.1　考虑不同间距条件的影响

本节重点考虑在围岩条件，覆土埋深为12m等参数不变的前提下，分析改变两隧道的间距时双孔隧道的相互影响。

由图4.5间距为7m时不同角度地表下沉分布可以看出：在0°时的地表沉降值最大为—65mm，且在10°、20°时依旧很大，接着随角度的增大地表沉降值不断减小，在90°时的最大沉降值最小仅为—5mm。在0°时，最大沉降在两洞室中心对称轴位置，随着角度的增大，沉降曲线逐渐偏向于左孔，超过70°时，开始逐渐偏向中心对称轴位置。在距两洞室中心对称轴15m左右位置出现上拱，其最大值为5mm。

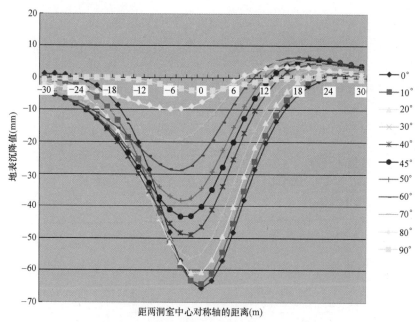

图 4.5　间距为 7m 时不同角度地表下沉分布

　　由图 4.6 间距为 7.5m 时不同角度地表下沉分布可以看出：地表沉降值在 40°时达到最大为－54mm，位于距两孔洞中心对称轴－5m 处。在 60°时地表沉降最大值突降为－31mm，45°、50°时最大值为－28mm。0°、10°、20°、30°四者的最大沉降值相近为－20mm 左右。在 80°、90°时产生的地表沉降值较小，最大值为－10mm。在 0°时，最大沉降在两洞室中心对称轴位置，随着角度的增大，沉降曲线逐渐偏向于左孔，超过 60°时，开始逐渐偏向中心对称轴。

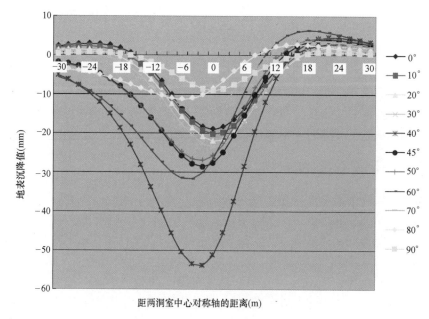

图 4.6　间距为 7.5m 时不同角度地表下沉分布

由图 4.7 间距为 8m 时不同角度地表下沉分布可以看出：地表沉降值在 45°时达到最大为－23mm，且 20°、30°、40°、45°、50°五者的沉降曲线近似且最大值亦相近，最大沉降值皆偏离两洞室的中心对称轴不远。在 90°时最小的最大沉降值为－10mm，在距两洞室中心对称轴－20m，20m 处均出现上拱，且右侧略大于左侧。

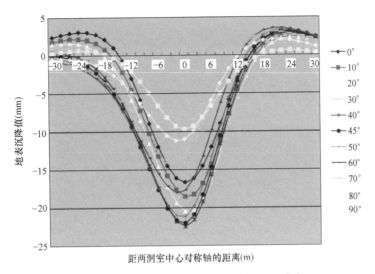

图 4.7　间距为 8m 时不同角度地表下沉分布

由图 4.8 间距为 9m 时不同角度地表下沉分布可以看出：地表沉降值在 45°时达到最大为－21mm，且 20°、30°、40°、45°、50°、60°时的沉降曲线近似且最大值也相差不大。除 60°时偏离稍大，最大沉降值几乎都在两洞室的中心对称轴附近。在 90°时最小的最大沉降值为－11mm，在距两洞室中心对称轴两侧－20m、20m 处均出现上拱，切角度越小、上拱值越大。

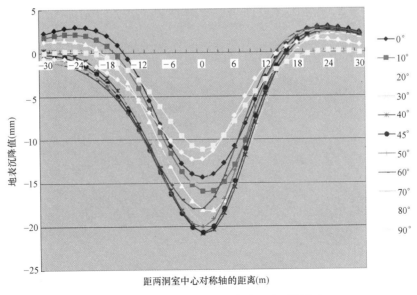

图 4.8　间距为 9m 时不同角度地表下沉分布

由图 4.9 间距为 12m 时不同角度地表下沉分布可以看出：地表沉降值在 45°时达到最大为－18mm，且 30°、40°、45°、50°、60°、70°时的沉降曲线近似且最大值也相近，最大沉降值几乎都在两洞室的中心对称轴上。在 0°时地表沉降最大值最小为－9mm，在距两洞室中心对称轴－20m、20m 处 0°、10°、20°均出现上拱。在距离两洞室中心对称轴 10m 处，10°～90°的沉降值近似。

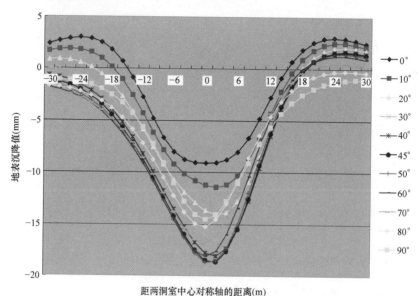

图 4.9　间距为 12m 时不同角度地表下沉分布

由图 4.10 间距为 15m 时不同角度地表下沉分布可以看出：地表沉降值在 60°时达到最大为－18mm，且 40°、45°、50°、60°、70°、80°、90°时的地表沉降最大值近似。在 0°时，沉降曲线为"W"形，有两个最大沉降值大约为－6.5mm。在 10°时，沉降曲线亦由

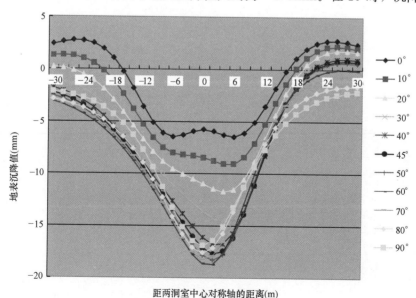

图 4.10　间距为 15m 时不同角度地表下沉分布

原来的"V"形变为"U"形。在 30°时，最大沉降值在距两洞室中心对称轴 6m 处为 −9mm。在距离中心对称轴 12m 处，20°～90°的沉降值近似。

由图 4.11 间距为 18m 时不同角度地表下沉分布可以看出：地表沉降值在 70°时达到最大为 −19mm，且 50°、60°、70°、80°、90°时的地表沉降最大值近似。在 0°、10°、20°时沉降曲线为"W"形，都有两个最大沉降值。随着角度减小，最大沉降值位置由中心对称轴逐渐偏向于右孔洞下方。在距离中心对称轴 14m 处，30°～90°的沉降值近似。

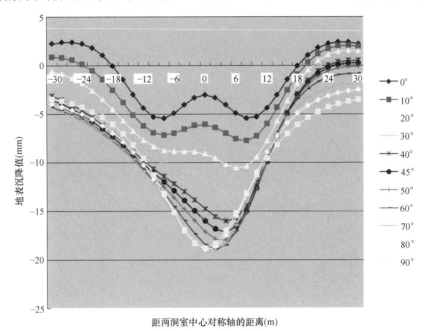

图 4.11　间距为 18m 时不同角度地表下沉分布

由图 4.12 间距为 21m 时不同角度地表下沉分布可以看出：地表沉降值在 90°时达到

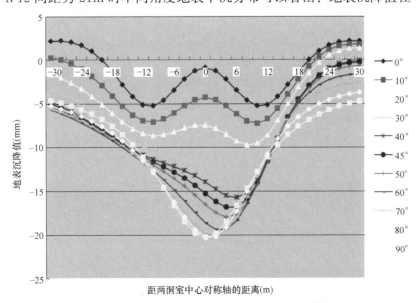

图 4.12　间距为 21m 时不同角度地表下沉分布

最大为－20mm，且在 60°、70°、80°、90°时的地表沉降最大值近似。在 0°、10°、20°、30°时沉降曲线为"W"形，都有两个最大沉降值。随着角度减小，最大沉降值位置由中心对称轴逐渐偏向于右孔洞下方。在 40°、45°、50°三者地表沉降的最大值在距两洞室中心对称轴 6m 处出现。在距离中心对称轴 14m 处，30°～90°的沉降值近似。

由图 4.13 间距为 24m 时不同角度地表下沉分布可以看出：地表沉降值在 90°时达到最大为－22mm，且 70°、80°、90°时的沉降最大值近似，随着角度减小地表最大沉降值逐渐减小。在 0°、10°、20°、30°时沉降曲线为"W"形，都有两个最大沉降值。在 40°、45°、50°时其地表的最大沉降值在距两洞室中心对称轴 4m 处出现。在距离中心对称轴 10m 处，40°～90°的沉降值近似。随着角度增大，对地表影响的范围逐渐变大。

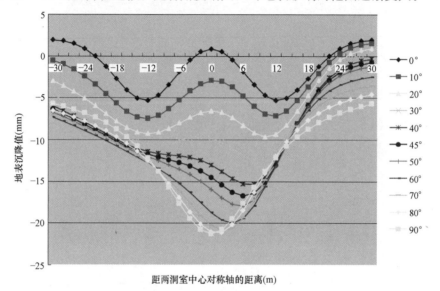

图 4.13　间距为 24m 时不同角度地表下沉分布

上述分析针对不同间距条件下，对不同角度布置的浅埋双孔隧道开挖产生的地表沉降的分布特征进行了描述。对不同间距在各个角度时最大沉降值的统计得到图 4.14。

通过对上面不同角度下各个间距的最大沉降曲线统计图综合分析：在间距为 7m，0°时地表沉降的最大值为－65mm，说明此时两隧道之间的相互影响特别大。然后随着角度的增大，地表沉降的最大值逐渐减小，在 90°时，地表沉降的最大值减小为－4mm，说明此时两隧道的相互影响已经很小，几乎可以忽略。充分说明在间距不变的情况下，双孔隧道的布置位置会对相互影响产生较大影响。在间距为 7.5m，0°时的地表沉降的最大值为－19mm，随着角度增大，其最大值逐渐增大，但是在 40°时突降为－54mm，然后在 45°时地表沉降最大值－29mm，随着角度的增大是一个递减的趋势，但在 60°时有小幅突降为－32mm。在间距为 8m、9m 时，随着角度增大地表沉降最大值小幅增加，在 45°附近达到最大，然后随角度增加开始减小。在间距 12～24m 区间内，随着角度增加，地表沉降逐步增加，但是在 50°以后增速变缓。

4.4.2　考虑不同角度条件的影响

本节重点考虑在围岩条件，双孔覆土埋深为 12m 等参数不变的前提下，通过改变两

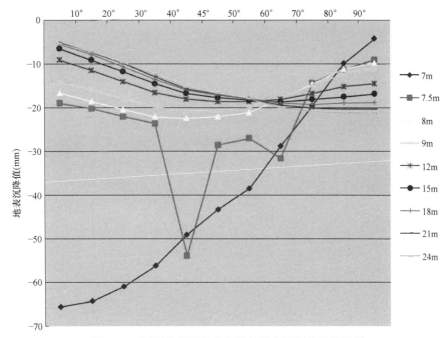

图 4.14 不同角度下各个间距的最大沉降曲线统计图

隧道布置的角度，分析双孔隧道的相互影响。

由图 4.15 角度为 0°时不同间距地表下沉分布可以看出：在间距为 7m 时，地表沉降值最大为 −65mm。在间距为 7.5m 时突降为 −19mm，且随着间距的增大，地表沉降的最大值逐渐减小，在间距超过 15m 时，地表沉降曲线开始由"V"形变成"W"形，在两洞室中心对称轴的两侧出现两个等大的最大沉降值。最大沉降值为单个时，位于两洞室中心对称轴的位置。在距两洞室中心对称轴−12m，12m 处，除间距 7m 外，不同间距的

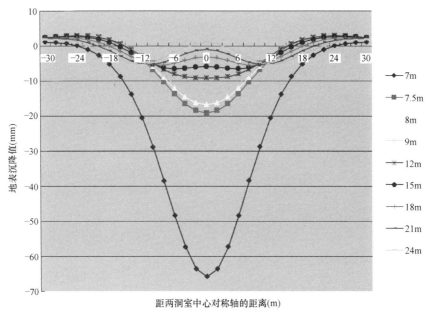

图 4.15 角度为 0°时不同间距地表下沉分布

沉降最大值近似。

由图 4.16 角度为 10°时不同间距地表下沉分布可以看出：在间距为 7m 时，地表沉降值最大为－64mm。在间距为 7.5m 时突降为－20mm，且随着间距的增大，地表沉降的最大值逐渐减小，在间距超过 15m 时，地表沉降曲线开始由"V"形变成"W"形，出现两个最大沉降值且右侧沉降最大值略大于左侧沉降最大值。最大沉降值为单个时，位于两洞室中心对称轴的位置，两个值对称分布于两洞室的中心对称轴两侧。在距两洞室中心对称轴－12m、12m 处，除间距 7m 外，不同间距的地表沉降最大值近似。

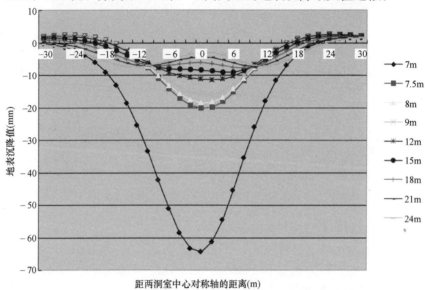

图 4.16　角度为 10°时不同间距地表下沉分布

由图 4.17 角度为 20°时不同间距地表下沉分布可以看出：在间距为 7m 时，地表沉降

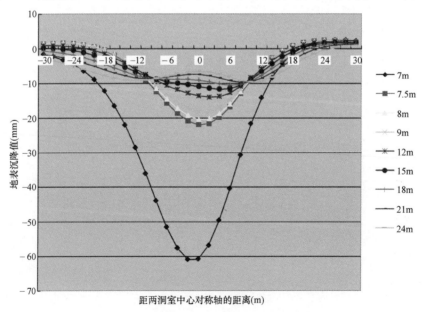

图 4.17　角度为 20°时不同间距地表下沉分布

值最大为−61mm。在间距为 7.5m 时突降为−22mm，且随着间距的增大，地表沉降的最大值逐渐减小，在间距超过 18m 时，地表沉降曲线开始由"V"形变成"W"形，出现两个最大沉降值且右侧沉降最大值略大于左侧沉降最大值。最大沉降值为单个时，位于两洞室中心对称轴的位置，两个值对称分布于两洞室的中心对称轴两侧。在两洞室中心对称轴的−10m、10m 处，除间距 7m 外，不同间距的地表沉降最大值近似。

由图 4.18 角度为 30°时不同间距地表下沉分布可以看出：在间距为 7m 时，地表沉降值最大为−56mm。在间距为 7.5m 时突降为−24mm，且随着间距的增大，地表沉降的最大值逐渐减小，在间距超过 18m 时，地表沉降曲线开始由"V"形变成"W"形，出现两个最大沉降值且右侧沉降最大值略大于左侧沉降最大值。最大沉降值为单个时，位于两洞室中心对称轴的位置，两个值对称分布于两洞室的中心对称轴两侧。在两洞室中心对称轴的−8m、8m 处，除间距 7m 外，不同间距的地表沉降最大值近似。

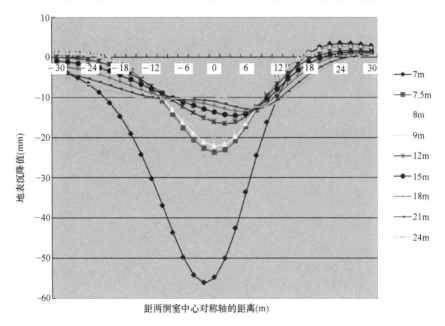

图 4.18　角度为 30°时不同间距地表下沉分布

由图 4.19 角度为 40°时不同间距地表下沉分布可以看出：在间距为 7.5m 时，地表沉降值最大为−54mm 略大于间距为 7m 时的−49mm。但在间距为 8m 时突降为−23mm，且随着间距的增大，地表沉降的最大值逐渐减小，但是不同间距地表沉降的最大值最小为−15mm。沉降曲线"W"形消失，在间距为 7～7.5m 时，最大沉降值稍偏向于左孔，间距为 12～24m 时偏于右孔。

由图 4.20 角度为 45°时不同间距地表下沉分布可以看出：在间距为 7m 时，地表沉降最大值为−43mm，在间距为 7.5m 时的地表沉降值最大为−28mm。但在间距为 8m 时又降为−23mm，随着间距的增大，地表沉降最大值已趋于稳定，不同间距地表沉降最大值最小为−17mm。沉降曲线"W"形消失，在间距为 7m 时，最大沉降值偏于左孔，间距为 12～24m 时偏于右孔。且在距两洞室中线对称轴 18m 处出现了明显的上拱。

由图 4.21 角度为 50°时不同间距地表下沉分布可以看出：在间距为 7m 时，地表沉降

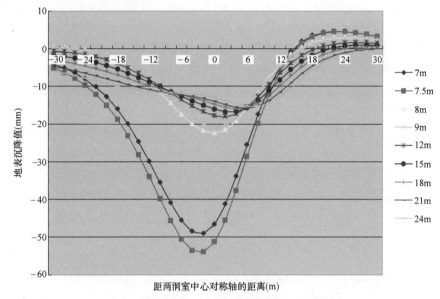

图 4.19　角度为 40°时不同间距地表下沉分布

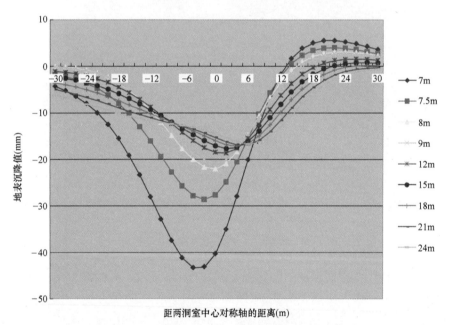

图 4.20　角度为 45°时不同间距地表下沉分布

最大值为−37mm，在间距为 7.5m 时的地表沉降值最大为−27mm。但在间距为 8m 时又降为−20mm，随着间距的增大，地表沉降最大值已趋于稳定，不同间距地表沉降最大值最小为−17mm。在间距为 7～9m 时，最大沉降值偏于左孔，间距为 12～24m 时偏于右孔。且在距两洞室中线对称轴 15m 处出现了明显的上拱。

　　由图 4.22 角度为 60°时不同间距地表下沉分布可以看出：在间距为 7.5m 时，地表沉降最大值为−32mm 略大于间距为 7m 时的沉降最大值−28mm。间距为 8m 时又降为−17mm，但随着间距的增大，地表沉降最大值会略微增大，在间距为 24m 时为

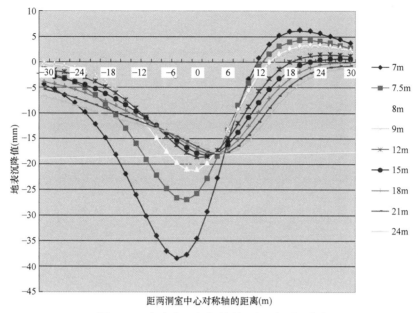

图 4.21 角度为 50°时不同间距地表下沉分布

—20mm。在间距为 7m、7.5m 时，最大沉降值偏于左孔，间距为 8～24m 时偏于右孔。且在距两洞室中线对称轴 13m 处出现了明显的上拱，且间距越小上拱程度越严重。

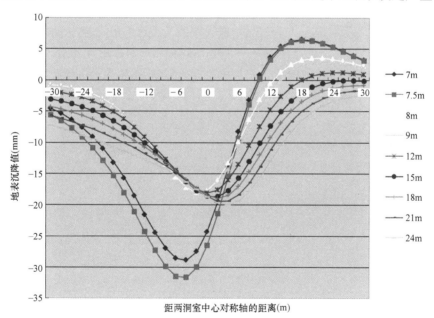

图 4.22 角度为 60°时不同间距地表下沉分布

由图 4.23 角度为 70°时不同间距地表下沉分布可以看出：在间距为 24m 时，地表沉降值最大为—21mm 略大于间距为 7m 时的沉降最大值—19mm。间距为 7.5m 时又降为—14mm，随着间距的增大，地表沉降的最大值会略微增大，在间距为 24m 时为最大为—21mm。且在距两洞室中线对称轴 13m 处出现了明显的上拱，且间距越小上拱的越严

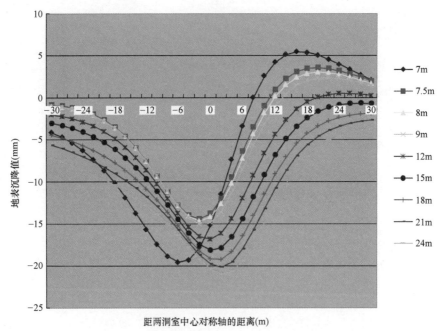

图 4.23　角度为 70°时不同间距地表下沉分布

重，在间距大于 12m 时，上拱现象消失。

　　由图 4.24 角度为 80°时不同间距地表下沉分布可以看出：在间距为 7m 时，地表沉降最大值－9mm，在间距为 7m、7.5m 时，最大沉降值偏于左孔，随着间距的增大，地表沉降值的最大值逐渐增大，且逐渐偏向于右孔，在间距为 24m 时变为最大为－21mm。且在距两洞室中线对称轴 13m 处出现了明显的上拱，且间距越小上拱越严重，在间距大于

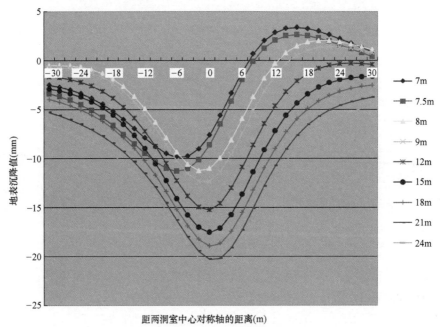

图 4.24　角度为 80°时不同间距地表下沉分布

12m 时，上拱现象消失。

由图 4.25 角度为 90°时不同间距地表下沉分布可以看出：在间距为 7m 时，地表沉降最大值仅为−4mm。随着间距的增大，地表沉降值的最大值逐渐增大，在间距为 24m 时最大为−21mm。不同间距的地表沉降的最大值都位于两洞室中心对称轴位置附近。

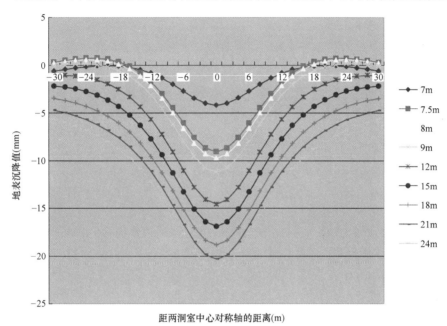

图 4.25　角度为 90°时不同间距地表下沉分布

上述分析针对不同角度条件，对双孔隧道开挖时产生的地表垂直位移的分布特征进行了描述。通过对各个间距最大沉降值进行统计得到图 4.26。

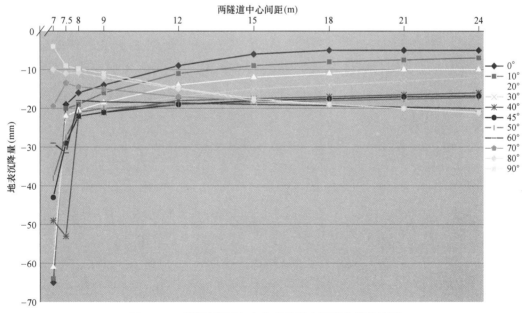

图 4.26　不同间距下各个角度的最大沉降曲线统计图

通过对上面不同角度下各个间距的最大沉降曲线统计图综合分析：在 0°时，间距从 7m 至 7.5m，地表沉降的最大值由－65mm 突降至－19mm，然后随着间距的增大，地表沉降的最大值逐渐减小，在间距为 24m 时，地表沉降的最大值减小为－4mm，说明此时两隧道之间的相互影响对地表的沉降有一定的制约作用。在 10°时，依旧是间距为 7m 时的地表沉降值最大，间距从 7m 至 7.5m 时，地表沉降的最大值由－64mm 突降至－20mm，然后随着间距的增大，地表沉降的最大值逐渐减小，在间距为 24m 时，地表沉降的最大值减小为－6mm，但是在间距为 7.5～24m 区间内同比于 0°时的地表沉降的最大值要稍微大一些。角度为 20°，30°时的状况和 10°时分布特征类似。在 40°时，间距为 7.5m 时的地表沉降最大值为－54mm 超过了间距为 7m 时的－49mm，说明在间距为 7～8m 区间，有一个间距位置对 40°及 40°附近的某个角度特别敏感。对于这种工况下的施工应该特别注意进行现场实测，必要时对围岩稳定性进行加强。然后在间距为 8m 时降为－22mm，随后随着间距增加，地表沉降的最大值逐渐减小。在 45°，50°时，依旧是间距为 7m 时，地表沉降最大；间距 8～24m 的地表沉降最大值维持在－20mm 附近。在 60°时，在间距为 7m 时，地表沉降最大值为－29mm，在间距为 7.5m 时，地表沉降最大值又稍微增加为－32mm，间距 8～24m 的地表沉降最大值维持在－20mm 附近，说明 60°是未来施工中需要特别注意的角度。在 70°时，地表沉降的最大值除了在间距为 7.5m，8m，9m 小区间有小幅减小外，大部分稳定在－20mm。在 80°，90°时，间距为 7m 时的地表沉降值最小，随着间距的增大，地表沉降量逐渐在增大。

4.5 本章小结

本章利用有限差分法 FLAC^{2D} 软件对任意布置浅埋双孔隧道的开挖进行了数值模拟分析。通过考虑间距、角度这两个对双孔隧道的相互影响比较大的因素，对 99 种不同工况的结果进行分析，得出如下结论：

当浅埋双孔隧道水平布置，两隧道净间距较小时，二者之间的相互影响特别大；当净间距小于 2m（即为 $\frac{1}{3}D$，其中 D 为隧道直径）时，地表沉降最大值会突降很多，此时隧道的设计施工将会冒很大风险，应避免设计如此小近距工况，当不可避免时，应加强现场监测，在必要情况下对隧道开挖处围岩进行预加固处理。当净间距大于 $\frac{1}{3}D$ 时，随着间距的增大，地表沉降最大值逐渐降低。

当两隧道为小近距时，随角度增大地表沉降最大值快速减小，间距为 9～15m 这一区域段对布置角度的改变不太敏感。此间距区域段比较适合左右线隧道先呈叠落状，左线在右线之上，随后左右线隧道逐渐分离，并最终平行工况下的隧道设计施工。

在净间距为 $\frac{1}{6}D$～$\frac{1}{3}D$ 这一区间内对布置角度的改变特别敏感，应尽量避免在此区域内改变两隧道的布置角度。

当净间距小于 D 时对角度比较敏感。随着间距的增大，角度对两隧道的相互影响逐渐减小。但是在间距较大时，大角度的布置会产生较大的地表沉降，此工况可能是由于位于下方的隧道埋深过大导致的。

在角度 40°～60°这一区间对双孔隧道之间的相互影响比较大，特别是小近距双孔隧道。

第5章 小近距双孔叠落隧道开挖顺序优化分析

5.1 工程概述

北京地铁 8 号线二期工程"什刹海站—南锣鼓巷站"区间位于北京中心城区，场地地面标高为 47.10～47.36m，路两侧建筑物密集，地形略有起伏。工程场地表层为人工堆积层，以下为第四纪沉积的粉质黏土层、黏土层、粉土层、细砂—粉砂层、中砂—细砂层、卵石—圆砾层、卵石层、细砂层等。其中，交叠段隧道所穿越的地层主要为卵石—圆砾层、粉质黏土层、粉土层、细砂—粉砂层、卵石层。

该区间隧道全部采用盾构法施工，其中在区间 YDK19＋806～YDK20＋031 范围内，双线隧道竖向交叠布置，见图 5.1。交叠段范围内，区间左线隧道拱顶埋深 11.6～14.8m，右线隧道拱顶埋深 20.0～22.8m，双线隧道竖向净距 2.6～2.7m。区间隧道纵断面见图 5.2。

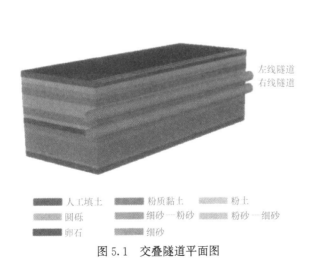

人工填土　粉质黏土　粉土
圆砾　细砂—粉砂　粉砂—细砂
卵石　细砂

图 5.1　交叠隧道平面图

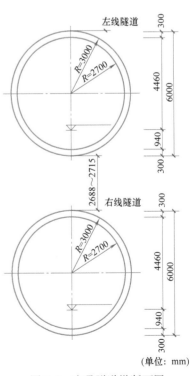

（单位：mm）

图 5.2　交叠隧道纵断面图

随着城市轨道交通建设快速发展，出现了大量城市岩土工程领域"近接施工"问题。其中，交叠隧道施工由于施工难度大，施工过程复杂往往会成为施工中的重难点问题。由于交叠隧道间距过近，对传统的先开挖下部隧道，后开挖上部隧道的施工顺序造成影响，有的时候不得不对施工顺序进行调整，以满足支护和安全的要求。因此，有必要对交叠隧道的施工顺序进行分析，采用不连续变形分析软件 DDA 研究不同施工顺序对隧道自身稳定性和应力场的影响，分析得出最有利的施工顺序，对隧道施工进行指导。

要分析不同开挖顺序对隧道的破坏形式，需要建立 4 种不同的模型（只开挖上孔，只开挖下孔，先开挖上孔后开挖下孔，先开挖下孔后开挖上孔）进行比较分析，通过研究不同开挖顺序隧道破坏形式的不同，从而得到最有利的施工顺序。

5.2 小近距双孔叠落隧道开挖顺序优化的 DDA 分析

5.2.1 模型建立

该区间盾构隧道直径为 6m，通常隧道尺寸的 3～5 倍为隧道围岩影响的关键区域，同时为了忽略边界效应，建立的隧道模型尺寸为 100m×50m（长×宽）。采用位移边界条件，在模型左右两侧和底部施加位移约束，顶部为自由约束。

根据隧道纵断面图，为简化计算，将上覆岩层到上部隧道的距离设定为 10m，两隧道中心点之间的垂直间距设定为 9m。隧道围岩采用一些天然节理，由计算机随机生成，节理间距为 1m。

根据以上关于模型的几何设定，可以建立 4 种情况的模型如图 5.3 所示（后两种模型采用相同的几何模型（图 5.3 (c)）。

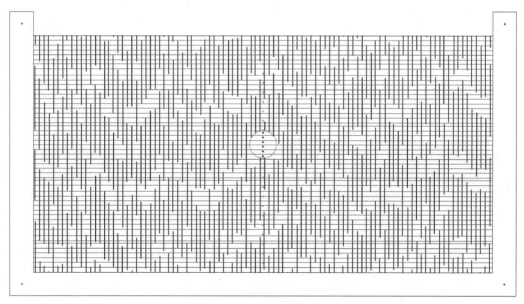

(a) 只开挖上孔

图 5.3 几何模型（一）

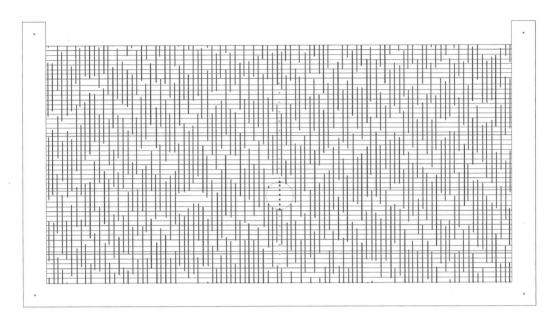

(b) 只开挖下孔

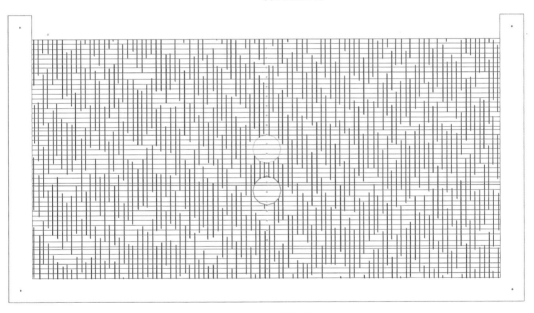

(c) 两孔开挖

图 5.3　几何模型（二）

　　根据勘察报告提供的岩土资料，对工程场地进行了地层概化，划分为 13 个层。地层参数按该隧道工程勘察报告取用，见表 5.1。

　　以开挖双孔的几何模型为例，施加不同地层的物理参数后，模型中的不同深度会出现不同的地层属性，如图 5.4 所示。

　　在隧道中线垂直施加一排监测点，监测点间距为 2m，同时在隧道拱顶和拱底也施加监测点，以开挖双孔模型为例，监测点设置如图 5.5 所示。

地层物理参数   表 5.1

土层名称	厚度(m)	密度(g/cm³)	摩擦角 φ(°)	黏聚力 c(kPa)	变形模量 E(MPa)
人工填土	3.1	2.00	(8.0)	(0.0)	(7.00)
粉土	2.9	1.98	27.1	22.4	10.67
细砂—粉砂	2.4	2.00	(30.0)	(0.0)	(30.00)
粉质黏土	4	1.98	11.7	47.6	8.36
圆砾	6.7	2.05	(40.0)	(0.0)	(50.00)
粉质黏土	4	2.05	18.7	36.0	14.28
粉砂—细砂	2	2.00	(30.0)	(0.0)	(40.00)
卵石	2.9	2.05	(40.0)	(0.0)	(100.00)
粉质黏土	2.6	2.00	15.6	38.0	12.58
细砂	2.3	2.02	(35.0)	(0.0)	(50.0A)
粉质黏土	9.4	1.96	13.8	31.0	12.70
细砂	1.6	2.02	(38.0)	(0.0)	(50.00)
卵石	3.1	2.10	(45.0)	(0.0)	(125.00)

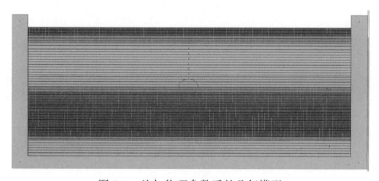

图 5.4 施加物理参数后的几何模型

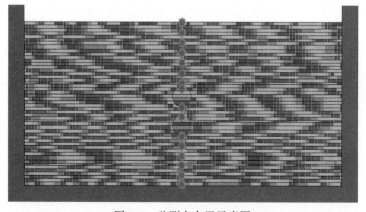

图 5.5 监测点布置示意图

前面的模拟旨在对不同开挖顺序影响下的隧道破坏形式进行模拟，大多是定性的分析，最多对拱顶等关键位置进行位移的定量分析。根据不连续变形分析软件 DDA 的特点，要想正确地对应力场及变形场进行分析，必须在隧道周边施加衬砌，通过衬砌上的应力及变形来反映一些关键位置（如拱顶）的应力，从而研究不同开挖顺序对隧道稳定性和应力场的影响。

在这一章，将建立两种不同开挖顺序下（先开挖上孔后开挖下孔和先开挖下孔后开挖上孔）有衬砌的隧道模型，通过比较衬砌上的应力场、位移场，得出不同开挖顺序对隧道围岩稳定性和应力场的影响，从而对施工做出指导。

同样，选取隧道的直径为6m，通常隧道尺寸的3～5倍为隧道围岩影响的关键区域，为了忽略边界效应，建立的隧道模型尺寸为50m×50m（长×宽），考虑到计算的复杂性，模型横向长度选取为50m，对上个模型的横向长度进行了缩减。同样地，采用位移边界条件，在模型左右两侧和底部施加位移约束，顶部为自由约束。

同样按照隧道纵断面图，为了简化计算，将上覆岩层到上部隧道的距离设定为10m，两隧道中心点之间的垂直间距设定为9m。

在节理区域，为了能更真实地反映隧道围岩的节理，选取了两组倾斜角度分别为45°和−45°的节理，如图5.6所示，图中节理的间距为1m。对于衬砌，为了简化计算，采用环隧道一圈的形式，厚度为0.5m。

根据以上关于模型的几何设定，建立的模型如图5.6所示。

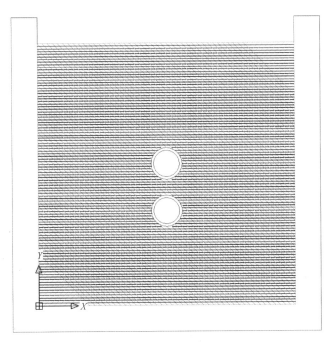

图5.6 几何模型建立图

根据勘察报告提供的岩土资料，对工程场地进行了地层概化，划分为13个层。地层参数按该隧道工程勘察报告取用，见表5.1。

监测点布置如图5.7所示。其中3号和6号分别位于上孔和下孔的拱顶处，2号和5号分别位于上孔和下孔的拱顶正上方1m处，1号和4号分别位于上孔和下孔的拱顶正上方2m处。

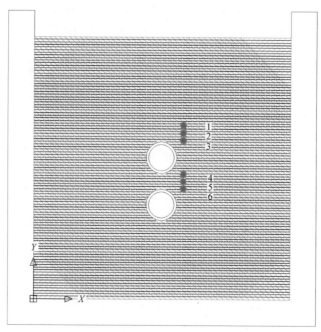

图 5.7　监测点布置图

5.2.2　模拟结果

1）先下后上模拟结果

开挖顺序为先上后下的模拟结果如图 5.8 所示。

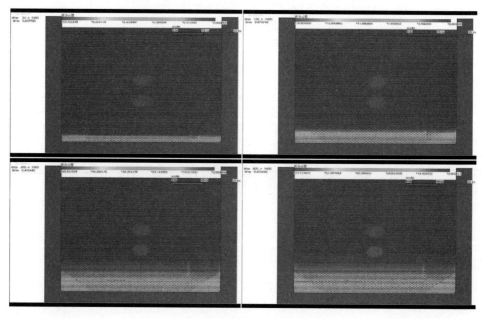

(a) 土体自平衡

图 5.8　先下后上模拟结果（一）

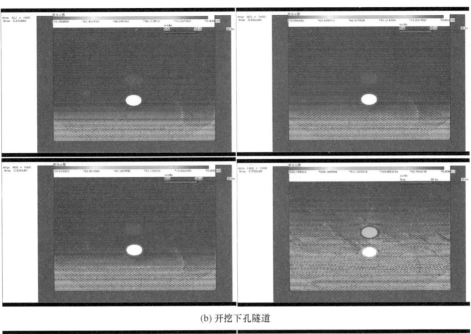

(b) 开挖下孔隧道

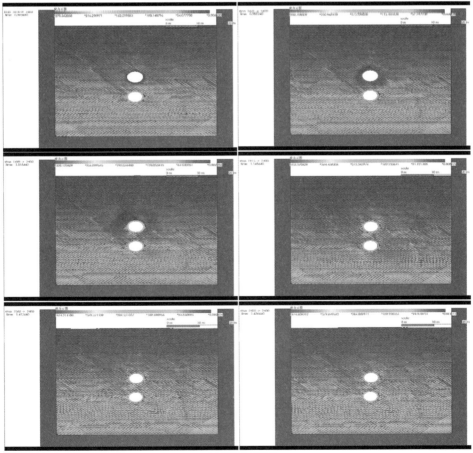

(c) 开挖上孔隧道

图 5.8 先下后上模拟结果（二）

在土体自平衡阶段，围岩上的应力逐渐增加，并且呈现出沿深度逐渐增加的趋势。开挖下孔以后，下孔隧道周围围岩受力反而减少，大部分的自重应力都施加到了衬砌上，而上孔衬砌不承受力，自重应力全部施加在围岩上，如图5.9所示。开挖上孔以后，上孔的周围围岩受力减小，大部分自重应力施加到了衬砌上，同时下孔周围的应力也在逐渐增加，最后两者趋于稳定。在模拟的最后，发现上孔的拱底区域和下孔的两侧部分区域出现了一定的应力集中，这可能是由于衬砌反作用力作用导致的，如图5.10所示。

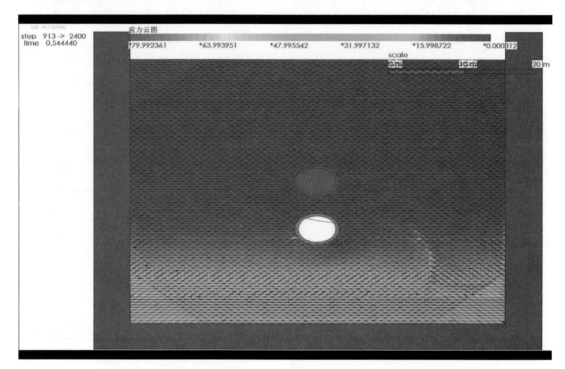

图5.9 隧道刚开挖后周围围岩应力释放现象

2）先上后下模拟结果

开挖顺序为先上后下的模拟结果如图5.11所示。

同样地，在土体自平衡阶段，围岩上的应力逐渐增加，呈现出沿深度逐渐增加的趋势。开挖上孔以后，同样出现了先下后上开挖顺序的应力释放现象，但是由于上孔埋深较浅，整体不是很明显。然而，下孔隧道的衬砌净空现象却比较明显，这说明这时衬砌是不受力的，而实际情况此时下孔还没有开挖，也没有施加衬砌，从而证明了模型和模拟的合理性，如图5.12所示。开挖下孔以后，下孔的周围围岩出现了明显的应力释放现象（图5.13），大部分自重应力施加到了衬砌上，衬砌的应力状态迅速增加，同时上孔周围的应力也在逐渐增加，最后两者趋于稳定。

5.2.3 模拟结果分析

1）监测点单独分析

现将6个监测点的两种开挖顺序的竖向应力结果绘制成曲线，如图5.14所示。

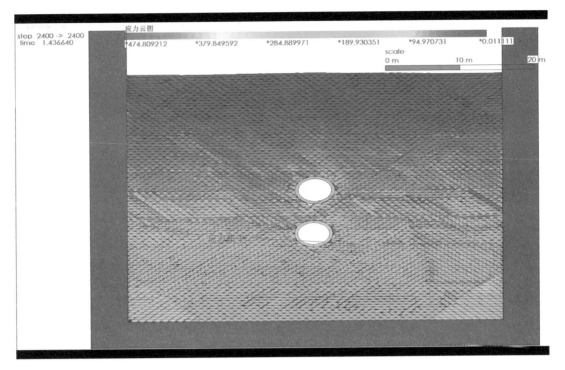

图 5.10 隧道开挖稳定后围岩的应力集中现象

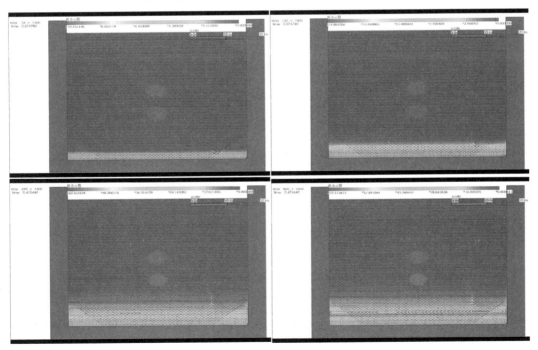

(a) 土体自平衡

图 5.11 先上后下模拟结果（一）

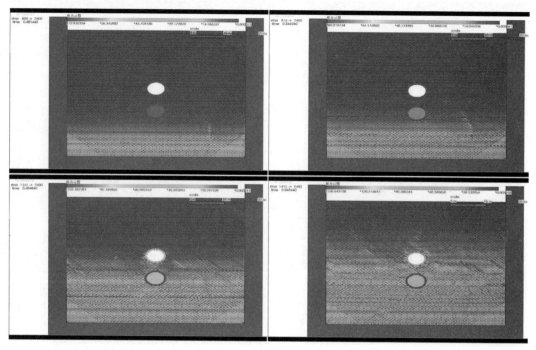

(b) 开挖上孔隧道

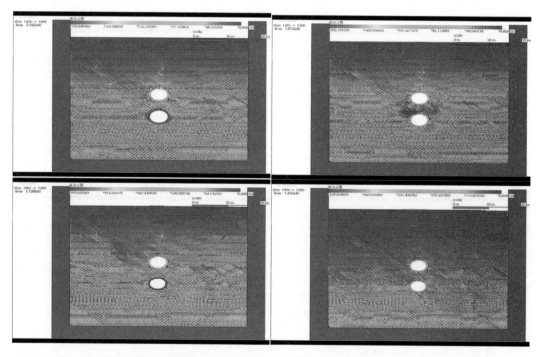

(c) 开挖下孔隧道

图 5.11　先上后下模拟结果（二）

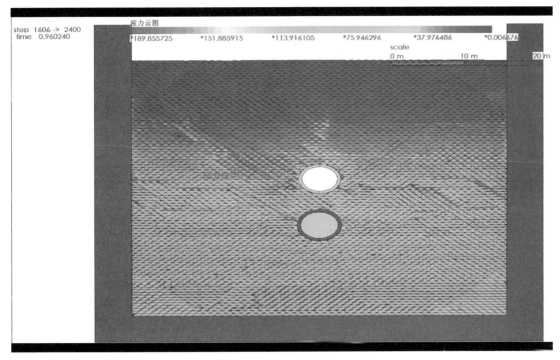

图 5.12 下孔衬砌的应力净空状态

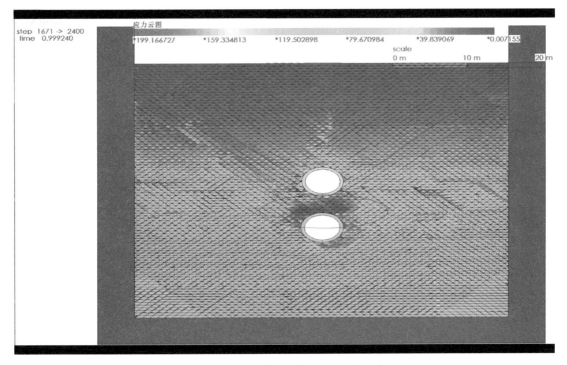

图 5.13 下孔拱顶上方的应力释放现象

图 5.14 中的虚线为先下后上的开挖顺序，实线为先上后下的开挖顺序，同种颜色为相同的观测点。

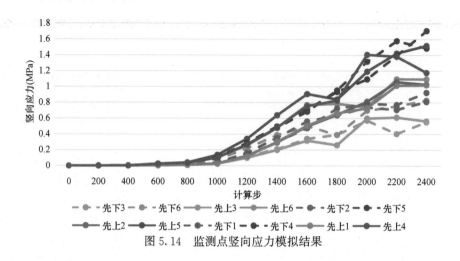

图 5.14　监测点竖向应力模拟结果

从曲线形状分析来看，同一个观测点，不同开挖顺序的竖向应力走向和趋势大致相同。通过计算最后稳定点的相对偏离值，发现偏离误差基本都在30%以内，见表5.2，最后的稳定点也大致相同（由于进行了一定的简化计算，最后的稳定值取的是计算步骤的最后一步，而忽略了稳定的整体过程，这本身也会导致较大的偏离）。在不同开挖顺序的影响下，只是在最后趋于稳定的过程中发生了一定的波动，这基本符合能量定律，做功的路径和顺序并不能影响最终的能量状态。

监测点偏离误差　　　　　　　　　　　　　　　表 5.2

点号	1	2	3	4	5	6
误差(%)	−9.52602	−21.1139	−1.96753	31.04006	−2.15068	−24.4282

2）考虑上下孔相互影响的监测点整体分析

（1）上下孔隧道拱顶应力分析

将拱顶处监测点3号和6号处的竖向应力结果绘制成如图5.15所示曲线。

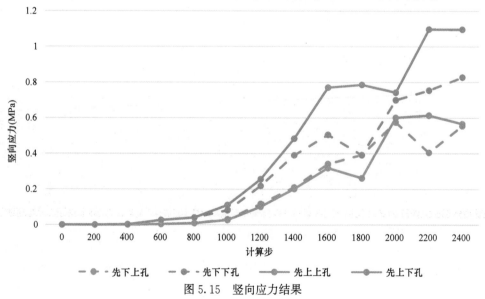

图 5.15　竖向应力结果

（2）上下孔隧道拱顶上方 1m 应力分析

将拱顶上方 1m 处监测点 2 号和 5 号处的竖向应力结果绘制成如图 5.16 所示曲线。

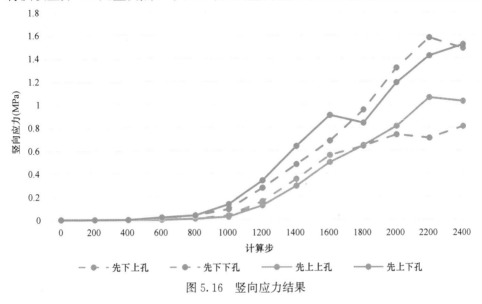

图 5.16 竖向应力结果

（3）上下孔隧道拱顶上方 2m

将拱顶上方 2m 处监测点 1 号和 4 号处的竖向应力结果绘制成如图 5.17 所示曲线。

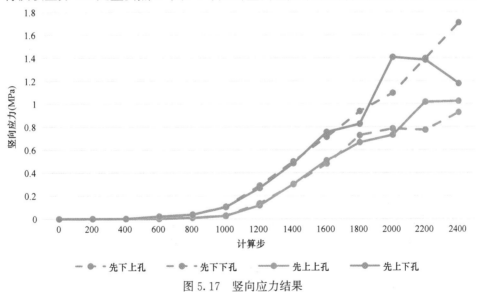

图 5.17 竖向应力结果

（4）上下孔隧道相互影响综合分析

如果将上下孔的拱顶区域假设为一个应力场，那么通过以上的数据进行处理，分别将上下孔拱顶处所有监测点竖向应力取平均值，得到的将是拱顶区域应力场的一个平均竖向应力，绘制成如图 5.18 所示曲线。

将上下两个孔隧道作为一个整体，通过对图像进行分析发现：

（1）在先开挖上孔，后开挖下孔的开挖顺序下，当开挖到下孔的时候，下孔的拱顶区

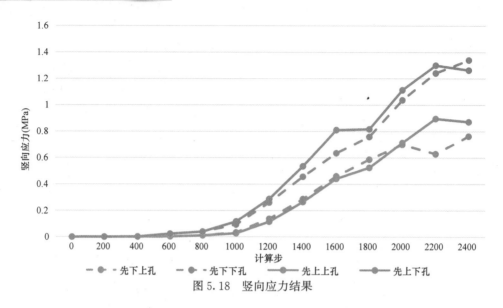

图 5.18　竖向应力结果

域围岩应力会发生一定的减小，同时上孔的围岩应力会维持一定的稳定平台。同理，在先开挖下孔，后开挖上孔的开挖顺序下，当开挖到上孔时，上孔的拱顶区域围岩应力会发生一定的减小，同时下孔的围岩应力会维持一定的稳定平台。这和前面应力云图中的应力释放情况是一致的。

（2）无论何种开挖顺序，上下孔的拱顶围岩应力变化趋势和大小都是基本吻合的，这个在图 5.18 中得到了很好地反映，与前面综合分析的结论也是一致的。

5.3　不同开挖顺序下双孔隧洞破坏的 FLAC 模拟分析

5.3.1　计算模型和参数

采用 FLAC^{3D} 有限差分软件对拟建双线交叠盾构隧道进行建模，模型大小为 36m×100m×46m，三维模型如图 5.19 所示。

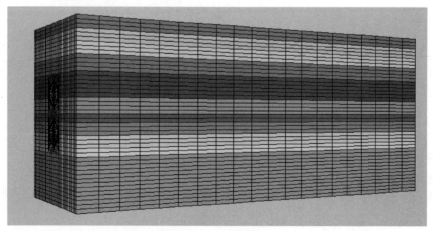

图 5.19　三维模型图

根据勘察报告提供的岩土资料，对工程场地进行了地层概化，划分为 12 个土层，具体参数见表 5.3。

数值模拟材料参数　　　　　　　　　　　　　表 5.3

图层	厚度（m）	弹性模量 E(Pa)	体积模量 k（Pa）	剪切模量 G(Pa)	摩擦角（°）	黏聚力（kPa）	密度（kg/m³）
填土	3.1	$7.00×10^6$	$1.9×10^7$	$2.4×10^6$	0	0	2000
粉土	2.9	$1.00×10^7$	$5.6×10^6$	$3.4×10^6$	22.4	22.4	1980
细粉	2.4	$3.00×10^7$	$1.7×10^7$	$1.2×10^7$	0	0	2000
粉质黏土	4	$8.30×10^6$	$2.3×10^7$	$2.8×10^6$	47.6	47.6	1980
圆砾	6.7	$5.00×10^7$	$4.2×10^7$	$1.9×10^7$	0	0	2050
粉质黏土	4	$1.40×10^7$	$1.2×10^7$	$4.8×10^6$	36	36.0	2050
粉砂	2	$4.00×10^7$	$2.2×10^7$	$1.6×10^7$	0	0	2000
卵石	2.9	$1.00×10^8$	$5.0×10^7$	$3.8×10^7$	0	0	2050
粉质黏土	2.6	$1.20×10^7$	$1.0×10^7$	$4.2×10^6$	38	38.0	2000
细砂	2.3	$5.00×10^7$	$2.8×10^7$	$2.1×10^7$	35	0	2020
粉黏	9.4	$1.20×10^7$	$1.0×10^7$	$4.2×10^6$	13.8	31.0	1960
卵石	3.1	$1.25×10^8$	$5.1×10^7$	$3.8×10^7$	45	0	2100
衬砌	0.5	$1.3×10^9$	$1.0×10^7$	$1.0×10^8$	30	50	2800

5.3.2　交叠隧道开挖顺序影响分析

由于竖向叠落隧道净距较小，并且两条隧道主要位于卵石、圆砾土层中，土质松散，后挖隧道对已建隧道的影响圈扰动比较明显。在盾构开挖过程中可能引起管片的变形、开裂等结构破坏的安全隐患。因此，本次数值模拟着重分析了"先上后下""先下后上"两种不同开挖工序的影响。

在本次模型计算中，主要考虑了自重应力的影响，因为隧道位置相对较浅没有考虑水和地层构造应力的影响。对模型地面和侧面进行位移约束，并考虑地层的侧压力，取侧压力系数为 0.5。

另外，因为盾构开挖衬砌的预算占总预算的 40%～50%，其经济效益和对隧道稳定性影响非常重要，本书主要对盾构开挖加衬砌后危险位置的应力和变形作了监测，以此来判断和预测其稳定性。

5.3.3　计算结果分析

1）围岩应力特征

隧道围岩材料一般为各向异性体，其抗拉和抗压强度相差极大。一般来说围岩的抗拉强度都比较低，因此很容易在拉应力的作用下产生拉破坏，尤其是在拱顶位置上，常常是引起隧道坍塌的原因。因此，分析隧道围岩受力状态对研究隧道稳定性来说是很重要的。为了考虑后挖隧道对先挖隧道的影响，数值模拟过程中对先挖隧道顶部最危险位置设置了监测点，并对地表至隧道正上方依次设置了位移监测点。具体示意图如图 5.20 所示，从上至下监测点编号依次为 1～7 号监测点。

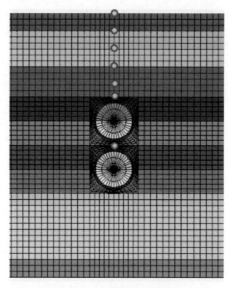

图 5.20　监测点布置图

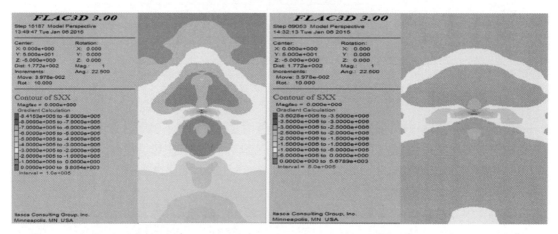

(a) 先上后下Stress-XX

(b) 先下后上Stress-XX

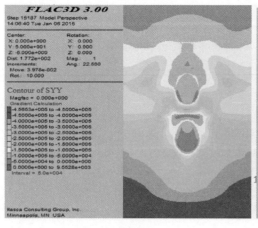

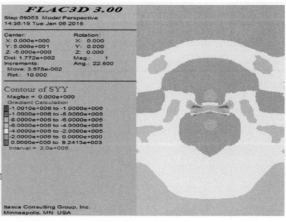

(c) 先上后下Stress-YY

(d) 先下后上Stress-YY

图 5.21　叠落隧道开挖应力云图（一）

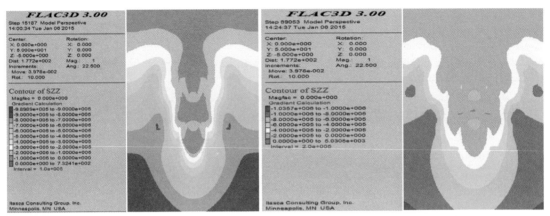

(e) 先上后下Stress-ZZ   (f) 先下后上Stress-ZZ

图5.21 叠落隧道开挖应力云图（二）

对叠落隧道开挖的应力传播路径及发展趋势进行分析，可以得出如下结论：

（1）从应力云图5.21可以看出不同开挖方式会导致不同的应力分布，并且应力的大小也会有明显的差异，最大应力值如表5.4所示。

不同开挖方式条件下的最大应力值   表5.4

应力最大值	开挖方式	
	先上后下（Pa）	先下后上（Pa）
σ_x	-8.415×10^5	-3.6×10^6
σ_y	-4.5×10^5	-1.0×10^6
σ_z	-9.89×10^5	-1.03×10^6

（2）从各个方向最大的应力值可以知道，"先下后上"的开挖方式要比"先上后下"开挖方式的应力值大。并且在两隧道之间应力集中区域对应的应力值也大约有一个数量级的差异。虽然两种不同开挖方式的应力值稍有差异，但是主要表现在压应力，这并没有超过岩石的抗压强度，所以在工程应用中，该种差异对隧道的稳定性影响不是特别明显。

（3）从图5.21可以看出，不管是"先上后下"还是"先下后上"的方式开挖隧道后，围岩内各方向受压且在两隧道中间的围岩都出现了明显的应力集中现象。所以该区域的岩石是最容易受到破坏的，因此有必要进行进一步分析。

在两隧道中间最危险区域设置1个监测点，并对其应力进行检测，根据计算结果可绘制成如图5.22所示曲线。

图5.22中实线表示"先上后下"开挖方式下的应力变化曲线，虚线表示"先下后上"的应力变化曲线。

从应力曲线变化趋势来看，两种不同开挖方式下应力变化的最终趋势基本相同，这基本符合能量守恒定律。

3000步前没有对隧道进行开挖，主要是计算在初始地应力作用下土层的受力状态，为了加快计算的收敛速度，本模拟施加了沿竖直方向线性变化的初始应力，侧压力系数

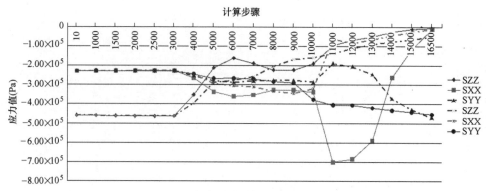

图 5.22　危险区域监测点应力变化曲线

为 0.5。

3000~10000 步是对前一个隧道进行开挖，由图像可知，两种不同工况下竖直方向的应力都得到了释放，而水平应力都会相应增加，在开挖前一个隧道时两种不同工况都属于单孔开挖的情况，这种应力变化趋势与弹性力学中柯西解的变化趋势相似。

10000~16500 步是对后一个隧道进行开挖，从变化趋势来看，X 方向的应力得到了释放，按照弹性力学理论，此处的 X 方向应力应该属于应力集中状态，出现这种状态的主要原因，可能是由于上下方衬砌的材料强度要强于两隧道中间的土层，在变形过程中，衬砌变形量相对较小，从而承担了大部分的水平载荷使得两隧道中间的土层受力较小。沿隧道轴向的应力依然持续增加，这种情况一方面可能是由于应力集中引起的，另一方面可能是随着两隧道的开挖，中间部分的土层沿轴向的跨度逐渐增加，渐渐地表现出受约束的弹性基础梁的受力状态。

综上所述，从"先上后下""先下后上"两种不同开挖方式下围岩应力特征分析来看，两种方式开挖对隧道稳定性影响的优劣并不明显。

2）位移变化特征

由工程背景可以知道，开挖隧道主要处于卵石、圆砾土层中，土质松散，稳定性较差，并且该性质的土层其抗剪性能非常弱，所以在模拟中采用摩尔-库仑模型，通过两种不同开挖工序，得到了对应的塑性区，如图 5.23 和图 5.24 所示。

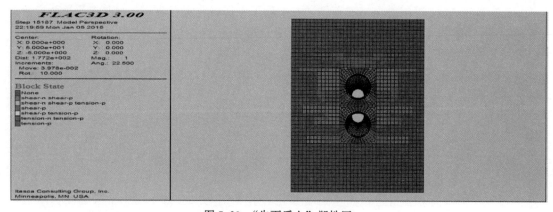

图 5.23　"先下后上"塑性区

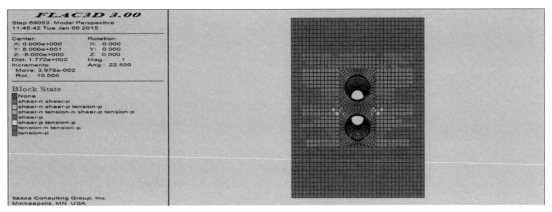

图 5.24 "先下后上" 塑性区

从图 5.23 及图 5.24 可以看出，两种不同开挖方式的塑性区发展趋势大体一致，但是也存在着明显的差异：

（1）"先下后上" 开挖方式的塑性区范围要比 "先上后下" 的塑性区范围要大。

（2）"先下后上" 开挖方式使得下隧洞两拱肩处的剪拉情况要比 "先上后下" 开挖方式的剪拉情况严重，而且下隧洞两 "脚点" 的塑性区域要略微大于 "先上后下" 的塑性区。

（3）"先上后下" 距拱顶一定范围的塑性区只表现出当前受拉情况，而在 "先下后上" 的塑性区中表示多次受拉，而且上部隧洞周围的塑性区要稍大。虽然上述塑性区存在差异，但对工程应用来说其影响并不十分明显。

在工程应用中，地表沉降是一项重要的安全指标，因此本次模拟分析中对两种开挖方式下的竖向位移作了进一步分析，具体位移云图如图 5.25 和图 5.26 所示

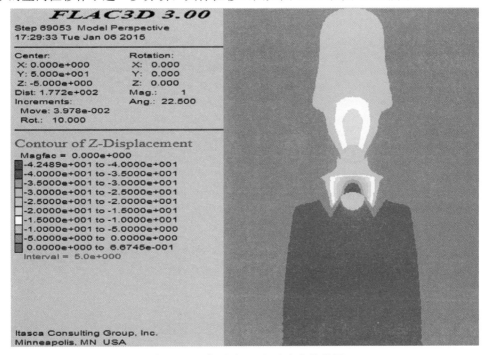

图 5.25 "先下后上" 竖直方向位移图

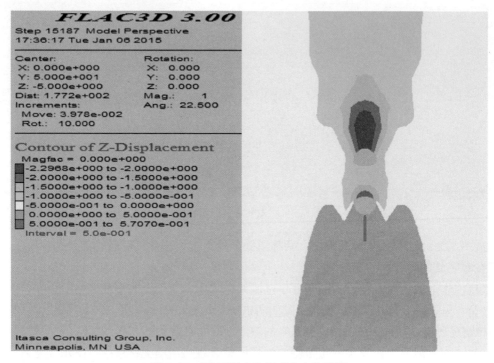

图 5.26 "先下后上"竖直方向位移图

从位移云图可以得到如下结论:

"先上后下"和"先下后上"开挖方式的最大位移都发生在上部隧道的拱顶,两种开挖方式上部隧洞顶部围岩的位移差别不大。

对于交叠段围岩的位移变形,拱顶下沉的变化量比周边收敛更为重要,其更能直观得反映拱顶的上方的竖向位移,其量测数据是判断支护效果、保证施工安全的最基本资料,根据不同开挖方式下 7 个监测点位移可得到如图 5.27 所示曲线。

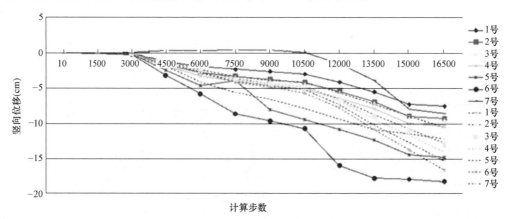

图 5.27 不同开挖方式下监测点位移图

图 5.27 中实线表示的是"先上后下"的开挖工序,虚线表示的"先下后上"的开挖工序,在 3000 步前没有进行开挖隧道,3000~10000 步表示开挖前一个隧道,10000~

16500 表示开挖第二个隧道，从位移趋势图来看先开挖上部隧道时 7 号监测点在隧道底部有稍微向上移动的趋势，这可能是由于监测点位于开挖隧道下部，当上部隧道开挖监测点竖直方向应力释放，两边受挤压引起隧道底板上浮，但由于受力相对较小不明显。

在 3000 步和 10000 步对隧道开挖时出现了明显的位移沉降，这反映了开挖时对隧道上方图层的扰动很明显，为了进一步比较不同开挖方式下土层沉降的位移规律，将 7 个监测点的最终累积位移绘制成如图 5.28 所示曲线。

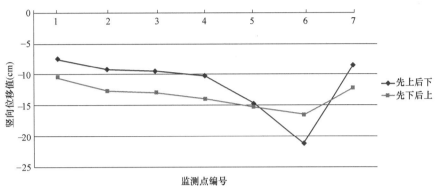

图 5.28　监测点累积位移图

从图 5.28 中可以看出，两种开挖方式 7 个监测点的位移趋向基本相似，最终结果相差不大，差异大概在 3～5cm 之间，因此从位移关系来看，在不计算盾构引起图层扰动的情况下，不同开挖方式对隧道稳定性影响的优劣并不十分明显，其误差在工程允许范围之内。

5.4　本章小结

本章以北京地铁 8 号线什刹海—南锣鼓巷交叠段隧道为工程背景，综合分析"先上后下"和"先下后上"两种不同开挖方式下隧道围岩的应力特征、塑性区和位移变化特征。比较了两种开挖方式下最危险区域的应力变化曲线，针对隧道上方土层的沉降位移进行了详细的分析，从以上三个方面的结果来看，虽然存在一定的差异，但其误差在工程施工允许的范围之内，所以在不考虑盾构引起扰动的情况和施工过程中工程力作用的情况下两种开挖方式对隧道稳定性影响的优劣并不十分明显。

第6章 实际工况下小近距双孔叠落隧道地层沉降及隧道变形数值模拟分析

6.1 引言

由第 5 章可知，在不考虑盾构引起扰动的情况和施工过程中工程力作用的情况下两种开挖方式对隧道稳定性影响的优劣并不十分明显，而在实际施工中，当双线隧道有上下叠落时选择"先下后上"的开挖方式更为稳妥，因此本章按照实际开挖顺序即先左线后右线的开挖方式使用 FLAC^{3D} 进行数值模拟。什刹海—南锣鼓巷站区间平面图如图 6.1（a）

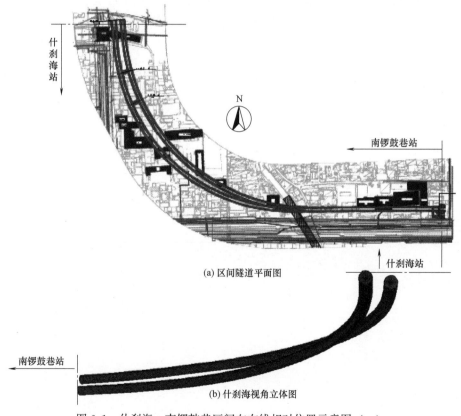

(a) 区间隧道平面图

(b) 什刹海视角立体图

图 6.1 什刹海—南锣鼓巷区间左右线相对位置示意图（一）

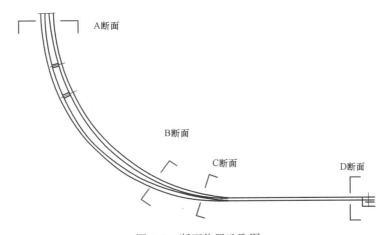

(c) 南锣鼓巷视角立体图

图 6.1　什刹海—南锣鼓巷区间左右线相对位置示意图（二）

所示，分别从什刹海站和南锣鼓巷站观察的区间隧道立体图如图 6.1（b）和图 6.1（c）所示。

两条隧道的位置关系可由其轴线之间的水平距离及垂直距离表示，考虑隧道半径即可表示两隧道的叠落程度。综合以上因素可定义隧道叠落度为 S，则有：

$$S=(L,H,R_1,R_2) \tag{6-1}$$

式中，L——隧道轴线间水平距离；

　　　H——两隧道轴线间垂直距离；

R_1，R_2——两隧道的半径。

本次模拟的区间隧道直径相同均为 6m，因此只需要考虑隧道间水平距离和竖直距离即可。根据叠落度选取 4 个典型断面 A，B，C，D 作为计算模型，4 个典型断面两隧道位置关系如图 6.2 和图 6.3 所示。

图 6.2　断面位置选取图

（1）断面 A：取上下行隧道水平间距 $L_1=10$m，垂直间距 $H_1=0$m；

（2）断面 B：取上下行隧道水平间距 $L_2=6$m，垂直间距 $H_2=1$m；

（3）断面 C：取上下行隧道水平间距 $L_3=-1$m，垂直间距 $H_3=2$m；

（4）断面 D：上下行隧道完全重合 $L_4=-1$m，垂直间距 $H_4=1.95$m。

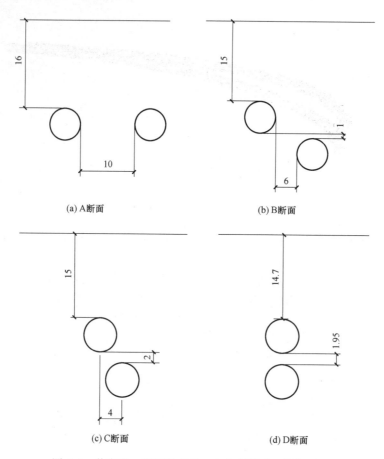

图 6.3 什刹海—南锣鼓巷站 4 个典型断面（单位：m）

建立三维土层模型尺寸为 70m×60m×55m。采用位移边界条件，在模型左右两侧和底部施加位移约束，顶部为自由约束。根据以上关于模型的几何设定，可以建立 A，B，C，D 4 个断面的模型如图 6.4 所示。

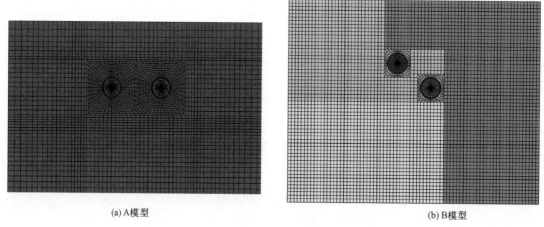

图 6.4 数值计算模型（一）

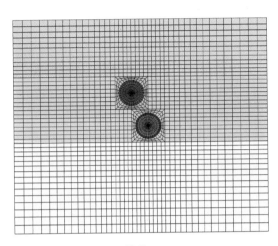

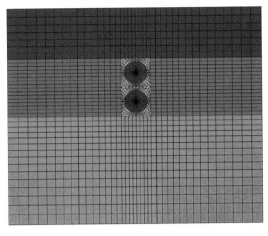

(c) C模型　　　　　　　　　　　　　　(d) D模型

图 6.4　数值计算模型（二）

　　根据勘察报告提供的岩土资料，对工程场地进行地层概化，划分为 13 个层。地层参数按该隧道工程勘察报告取用，见表 6.1。

地层物理参数　　　　　　　　　　　　　　　　　　　　表 6.1

土层名称	厚度(m)	密度(g/cm³)	摩擦角(°)	黏聚力(kPa)	变形模量 E(MPa)
人工填土	3.1	2.00	(8.0)	(0.0)	(7.00)
粉土	2.9	1.98	27.1	22.4	10.67
细砂—粉砂	2.4	2.00	(30.0)	(0.0)	(30.00)
粉质黏土	4	1.98	11.7	47.6	8.36
圆砾	6.7	2.05	(40.0)	(0.0)	(50.00)
粉质黏土	4	2.05	18.7	36.0	14.28
粉砂—细砂	2	2.00	(30.0)	(0.0)	(40.00)
卵石	2.9	2.05	(40.0)	(0.0)	(100.00)
粉质黏土	2.6	2.00	15.6	38.0	12.58
细砂	2.3	2.02	(35.0)	(0.0)	(50.00)
粉质黏土	9.4	1.96	13.8	31.0	12.70
细砂	1.6	2.02	(38.0)	(0.0)	(50.00)
卵石	3.1	2.10	(45.0)	(0.0)	(125.00)

　　4 个模型计算过程中均采用摩尔-库仑模型，以开挖模型 A 为例，图 6.5 为赋予土层参数后地应力平衡的位移云图。

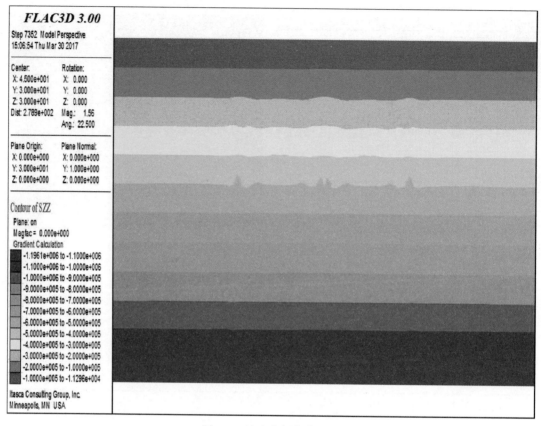

图 6.5　地应力场位移云图

6.2　隧道监测点布置

使用 FLAC^{3D} 对模型进行计算，计算时先开挖右线后开挖左线，由于模拟的是一个三维情况，在建立模型时分别对 4 个典型断面在纵向方向前后分别进行等距 30m 的扩展，考虑到实际工程情况的地表沉降以及应力变化，模型 30m 断面的数据与实际情况更为接近。

为了得到不同深度地层的沉降，分别在 4 个模型纵向 30m 断面处设置沉降监测点：地表位置 5 个监测点，编号为 1-1，1-2，1-3，1-4，1-5，先行线隧道上 1m 位置布置 5 个监测点编号 2-1，2-2，2-3，2-4，2-5，先行线隧道下 1m 位置布置 5 个监测点编号 3-1，3-2，3-3，3-4，3-5。

为了分析先行线隧道在开挖过程（包括开挖后行线）中引起的隧道应力、应变，在先行线纵向 30m 断面处的管片位置布置上下左右 4 个方位的监测点，编号为 4-1，4-2，4-3，4-4 通过先行线隧道这 4 个位置位移的变化分析隧道及管片的变形情况，具体布置情况如图 6.6 所示。

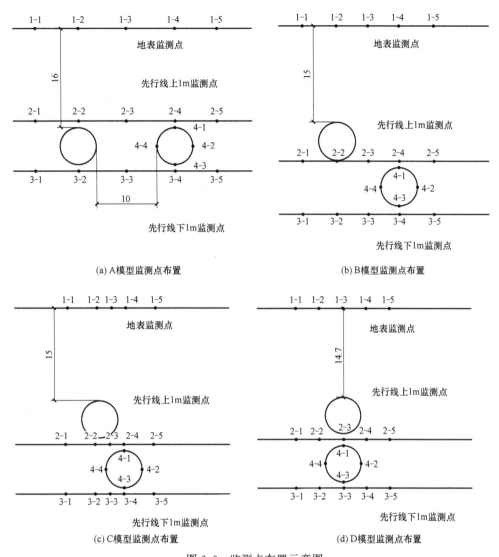

(a) A模型监测点布置　　　　　　　　　　(b) B模型监测点布置

(c) C模型监测点布置　　　　　　　　　　(d) D模型监测点布置

图 6.6　监测点布置示意图

6.3　模拟结果分析

本节先分别对 4 个模型两条隧道开挖完后整个模型以及纵向 30m 断面处先行线的位移变化、应力变化等单独分析，后综合比较 4 种情况下的位移变化及应力变化情况。

6.3.1　四种模型单独分析

1）A 模型

（1）位移云图

图 6.7 是 A 模型 30m 断面处的位移云图，由图可以看出在隧道拱顶的土体沉降最大，为 22.72mm，且由于越远离隧道受到的扰动越小，远离隧道方向的位移也越小；隧道下

方管片及围岩由于应力释放的作用，出现了 5～10mm 的隆起，越远离隧道地层的位移变化越小。

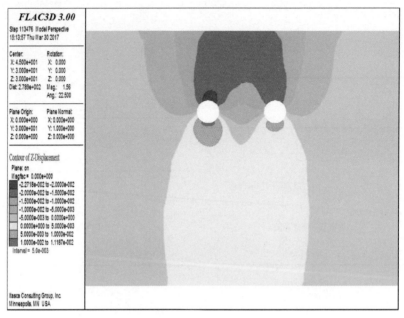

图 6.7 　A 模型位移云图

（2）应力云图

图 6.8 是 A 模型 30m 断面处的竖向应力云图，首先可以看出整体应力自上而下是由小到大分布的，范围在 0.2～1.4MPa；其次是在两条隧道中间和两侧的围岩出现了明显的应力集中现象。

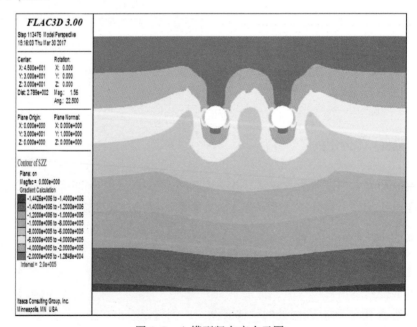

图 6.8 　A 模型竖向应力云图

（3）监测点分析

根据第 6.2 节对主要监测点进行了编号，从 FLAC^{3D} 计算结果中提取监测点数据并绘制成图表进行分析。

① 地层沉降变化规律

首先分析整个地层的沉降变化，在数值模拟过程中分别在地表、右线隧道上 1m、右线隧道下 1m 布置三排监测点，三排监测点位移变化如图 6.9 所示。

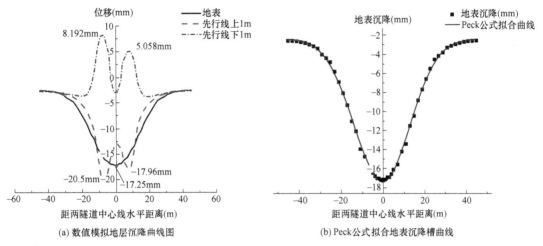

(a) 数值模拟地层沉降曲线图　　　(b) Peck公式拟合地表沉降槽曲线

图 6.9　地层沉降位移

由图 6.9（a）可知在两条隧道顶部上 1m 处的沉降最大，分别是 20.5mm 和 17.96mm，隧道下方 1m 处产生隆起现象，这是因为隧道开挖时由于卸载效应，导致隧道下方土体隆起；断面模型间距较近，右线开挖完成后再开挖左线后地表沉降逐渐发展为一个沉降槽曲线，最大沉降为 17.25mm。

图 6.9（b）是使用 Peck 公式对此模型地表沉降曲线进行拟合后的结果，其中 Peck 公式为：

$$S_v(x) = S_{v,\max} \exp\left(\frac{-x^2}{2i^2}\right) \tag{6-2}$$

式中，$S_v(x)$——地表沉降；

　　　$S_{v,\max}$——最大沉降值；

　　　i——沉降槽宽度。

由于 Peck 公式是针对单线隧道的沉降拟合公式，所以对双线隧道可能会有偏差，在这里作为一个参考的方法。图 6.9（b）表中的参数 w 代表沉降槽宽度即上式中的 i，为 13.424m，A 代表最大沉降值即 $S_{v,\max}$ 为 14.977mm，可以为 A 模型工况下 Peck 公式系数取值范围提供经验。

② 隧道变形及应力分析

本次模拟监测了先行线 30m 断面处隧道上、右、下、左 4 个方向的位移变化以及应力变化，根据计算结果提取的监测数据绘制了随着隧道开挖隧道上、下两个方向的竖向位移变化和左右两个方向横向位移变化，以及 4 个方向的应力变化，具体分析如下。

图 6.10 的横坐标表示开挖的环数，1，2 分别表示第一条和第二条开挖的隧道，后面

的数字表示开挖的环数。其中图 6.10 （a）、图 6.10 （b）分别是 A 模型 30m 断面处隧道上、下竖向位移曲线，可以看出，在盾构到达前上下监测点位移均较小，且均体现为沉降的趋势；在盾构通过阶段，即先行线开挖到 25 环时，隧道上方监测点有一个拐点，位移斜率突然增大，沉降明显，隧道下方在盾构通过时斜率也增大，由于应力释放，隧道下方产生的是隆起位移，说明在盾构通过时对土体的扰动最大；开挖至 30 环左右即盾尾脱出时，隧道上、下侧竖向位移变化斜率降低，此时土体受到的扰动较小；在开挖后行线时，管片上方持续沉降、下方持续隆起，表明后行线开挖时对先行线仍有扰动作用，当后行线开挖完后位移趋于稳定，上方测点最终沉降量为 19.17mm，下方测点最终隆起量为 6.751mm。

图 6.10 （c）是隧道右侧的横向位移曲线，图 6.10 （d）是左侧横向位移曲线。盾构

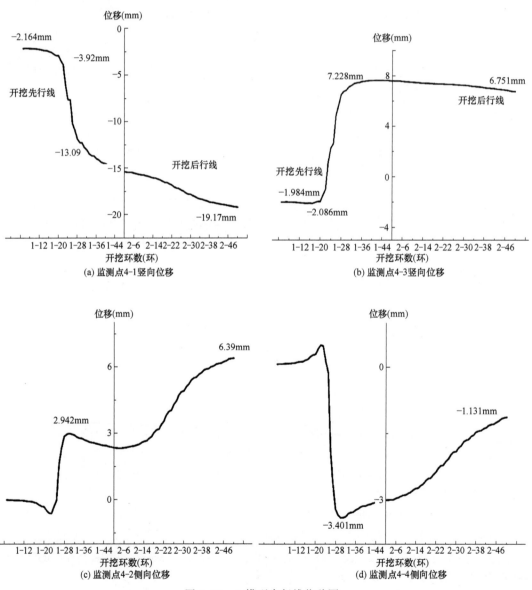

图 6.10 A 模型先行线位移图

到达前，左右两侧位移变化较小，均在 0mm 位置轻微浮动；盾构达到后位移变化较大，因为这时管片拼装完成，隧道上下方向向中间挤压，致使左右两侧的管片被挤压向外，位移均在 3mm 左右；盾构脱出后左右侧位移变化不大；开挖至后行线时，隧道左右两侧位移均体现为向右的趋势，表明后行线开挖对先行线侧向位移有一定影响，但是变化量级较小，在安全控制范围以内。

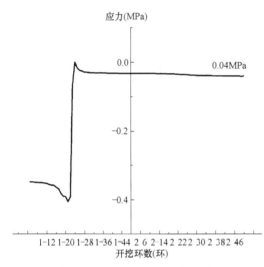

图 6.11　A 模型隧道上侧压力

图 6.11 为先行线 30m 断面处隧道上侧的压力变化曲线，在地应力平衡后，压力基本没有变化；在盾构快要到达时，土体受到前方开挖作用的影响应力出现短暂的增加，达到 0.4MPa，随后在开挖到 25 环位置即监测点位置时开始应力释放，应力快速减小到 0 左右；在开挖到第二条线时，应力变化很小，但仍有少许增大，并最终稳定在 0.4bar 左右，说明后行线在开挖时对先行线有一个微小的挤压作用。

2）B 模型

（1）位移云图

由图 6.12 可看出在隧道开挖之后，隧道上部土体出现沉降，最大沉降量为 31.61mm，且越远离隧道位移沉降量越小，受到隧道开挖的影响也越小；隧道下部管片及周围土体隆起，产生一个向上的位移，最大隆起量为 20.11mm，出现这种现象是因为在隧道开挖的过程中，由于卸载效应，下部土体对隧道开挖面产生一个向上的力，随着与隧道距离增加，土体受到隧道开挖影响越小，位移变化越小。

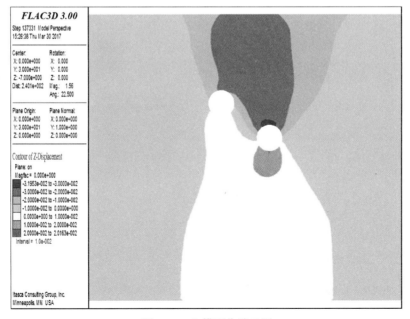

图 6.12　B 模型位移云图

（2）应力云图

由图 6.13 可以看到在竖直方向上，地层应力呈现分层分布，且随着深度的增加，应力值逐渐增加。隧道的开挖导致隧道管片左右两个点的应力较大，右线隧道压应力为 2.4034MPa，左线隧道压应力为 1.0MPa，两条隧道中间围岩出现应力集中现象，对地表影响较小；在隧道土体周围地层压应力较大，最大可达 1.75MPa，其应力随着距离隧道中心距离的增大而减小。

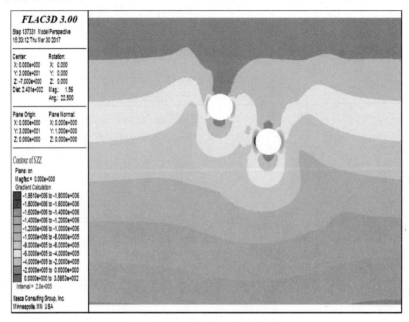

图 6.13　B 模型竖向应力云图

（3）监测点分析

① 地层沉降变化规律

图 6.14（a）在右线隧道竖向中心线（$x=5$）处位移沉降最大，最大沉降出现在右线

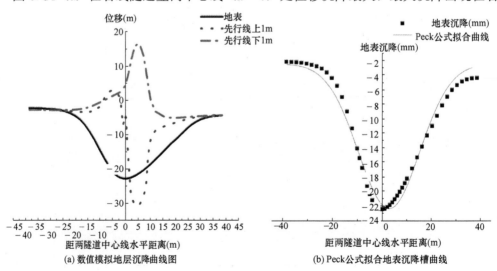

（a）数值模拟地层沉降曲线图　　　　　（b）Peck公式拟合地表沉降槽曲线

图 6.14　地层沉降位移

隧道上面 1m（左右线隧道中间）处，沉降达 30.56mm；由图 6.14（a）沉降槽曲线可知沉降量在远离隧道方向逐渐减少，在距离隧道约 30m 处，隧道的开挖对土体的沉降影响即可忽略不计；在距离左右线隧道 10m 之内沉降较大，在隧道开挖时需要注意隧道周边土的沉降。由图 6.14 右线隧道下 1m 曲线分析得知，隧道开挖完隧道下面会有隆起，右线隧道中竖向中心线（$x=5$）处隆起最大，达到 16.29mm，距离隧道越远，隆起越小。由图 6.14（b）可知，沉降槽宽度 w 为 12.3168m，最大沉降值为 19.9636mm。

② 隧道变形及应力分析

图 6.15（a）为 30m 断面（25 环）右线隧道竖向中心线上管片的点（监测点 4-1）的沉降曲线。在开挖右线盾构到达前阶段，监测点 4-1 位移沉降很小；在盾构通过阶段，沉降斜率达到最大，说明位移沉降变化很大，在开挖时对土体影响很大；长期沉降阶段，监测点沉降量持续增大，随着盾构离开的距离增大，位移沉降的斜率也逐渐变缓，在右线开挖完趋于水平，沉降达到 26.51mm。继续开挖右线，在盾构到达前阶段，监测点 4-1 的沉降变化很小，在盾构通过阶段，监测点 4-1 沉降量减小，斜率很小，说明开挖左线对先行线沉降没有很大影响；长期沉降阶段，沉降趋于平缓，最终沉降 31.61mm。

图 6.15（b）为 30m 断面（25 环）右线隧道竖向中心线下管片点（监测点 4-3）的沉降曲线。在开挖右线盾构到达前阶段，监测点 4-3 有很小的沉降；在盾构通过阶段，监测点有了明显的隆起，并且斜率很大，说明左线开挖，隧道下方土体产生向上的位移；长期沉降阶段，监测点 4-3 隆起量持续增大，随着盾构离开的距离增大，位移沉降的斜率逐渐变缓，在右线开挖完后趋于平缓，隆起达到 18.8mm。继续开挖左线，盾构到达前阶段，监测点 4-3 隆起变化很小，在盾构通过阶段，监测点 4-3 隆起继续增加，但增速很慢，说明开挖左线对先行线监测点 4-3 的隆起没有很大影响；长期沉降阶段，斜率慢慢减小，曲线趋于平缓，最终隆起 20.11mm。

图 6.15（c）为 30m 断面（25 环）右线隧道横向中心线左管片点（监测点 4-2）的横向位移曲线。在开挖右线盾构到达前阶段，监测点 4-2 有向隧道方向（右方向）的横向位移，位移很小；在盾构通过阶段，监测点 4-2 出现明显的反向（左方向）横向位移，并且位移变化很大，表明开挖右线使隧道左侧产生背离隧道方向的横向位移，最大值达到 2.597mm；在盾构刚刚通过阶段，开挖到 30 环又出现了明显的拐点，然后在长期沉降阶段，右线开挖完后趋于水平。说明在盾构通过后，隧道土体进行应力释放，致使横向位移减小。继续开挖左线，盾构到达前阶段，监测点 4-2 横向位移变化很小，在盾构通过阶段，监测点 4-2 背离隧道方向的横向位移继续增加，但增量并没有达到右线开挖的最大值，说明开挖左线对先行线监测点 4-2 的横向位移没有产生很大影响；在长期沉降阶段，曲线慢慢趋于平缓，但最终产生向隧道 0.9mm 的横向位移。这种模拟结果与实际情况不符，出现这种情况有以下两点原因：

a. 在模拟中由于计算模型以及参数会和现场有些许不同，模拟不可能把所有地层都一一设置，对地层进行了简化。

b. 监测点 4-2 在先行线右线开挖时并没有出现这种情况，开挖左线对先行线造成影响，在双线相互作用下，监测点 4-2 最终向右线隧道方向产生位移，位移量很小，在允许范围内。

图 6.15（d）为 30m 断面（25 环）右线隧道横向中心线右管片点（监测点 4-4）的横

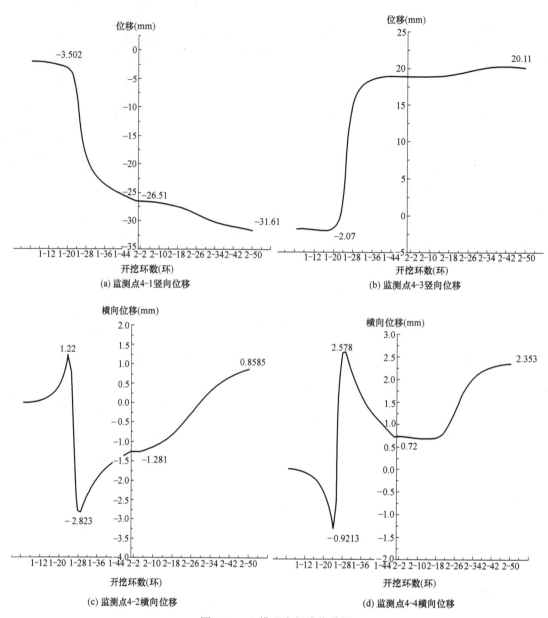

图 6.15　B模型先行线位移图

向位移曲线。在开挖右线盾构到达前阶段，监测点 4-4 有向隧道方向（左方向）的横向位移，位移很小；在盾构通过阶段，监测点 4-4 出现明显的反向（右方向）横向位移，并且位移变化很大，表明开挖右线使隧道右侧产生背离隧道方向的横向位移，最大值达到2.823mm；在盾构刚刚通过阶段，开挖到 30 环又出现了明显的拐点，然后在长期沉降阶段，右线开挖完后趋于水平。说明在盾构通过后，隧道土体进行应力释放，致使横向位移减小。继续开挖左线，盾构到达前阶段，监测点 4-4 横向位移变化很小；在盾构通过阶段，监测点 4-4 背离隧道方向的横向位移继续增加，但增量并没有达到右线开挖的最大值，说明开挖左线对先行线监测点 4-4 的横向位移没有产生很大影响；在长期沉降阶段，曲线慢慢趋于平缓，最终产生背离隧道 0.8585mm 的横向位移。

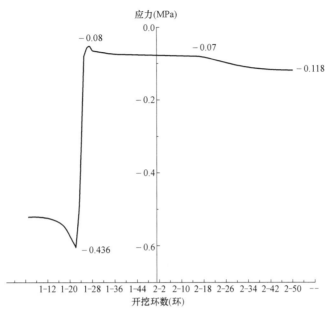

图 6.16　先行线上侧竖向应力图

由图 6.16 可以看出在开挖右线盾构到达前阶段竖向应力变化不大，和地应力平衡之后基本没有变化；在盾构通过阶段，右线开挖使土体开始应力释放，压应力明显的减小，从 0.63MPa 减小为 0.08MPa；长期沉降阶段，应力又开始缓慢增加，在右线开挖完后趋于水平。继续开挖左线，在盾构到达前阶段隧道上方的应力变化很小；在盾构通过阶段，应力增加，增速很慢，说明左线开挖对先行线上方的竖向应力没有产生很大影响；长期沉降阶段，应力又趋于平缓，最终压应力为 0.07MPa。

3）C 模型

（1）位移云图

图 6.17 是 C 模型 30m 断面处的位移云图，由图可以看出在隧道拱顶的土体沉降最大，为 22～25mm，且越远离隧道受到的扰动越小，位移也越小；隧道下方管片及围岩由于应力释放的作用，出现了 15mm 左右的隆起，越远离隧道地层的位移变化越小。

（2）应力云图

图 6.18 是 C 模型 30m 断面处竖向方向的应力云图，首先可以看出整体应力自上而下是由小到大分布的，范围在 0～1.4MPa 之间；其次在两条隧道中间叠落部分出现了明显的应力集中现象。

（3）监测点分析

① 地层沉降变化规律

图 6.19（a）～图 6.19（c）分别是 C 模型在 30m 断面处地表、先行线上 1m 和先行线下 1m 三排的位移变化图。先行线上 1m 和下 1m 位置土体受到的扰动最大，隧道上方最大沉降达到 27.7mm，下方最大隆起达到 12.45mm。由于 C 模型两条隧道线的位置间距较近，有部分重叠情况，所以 30m 断面处地表的沉降槽在开挖时先是在先行线位置出现沉降槽，开挖后行线后沉降槽逐渐向两条隧道中线发展，最终沉降量为 20.95mm。图 6.19（b）是用 Peck 公式对 C 模型地表沉降进行拟合，拟合效果不佳，其中 $i=$

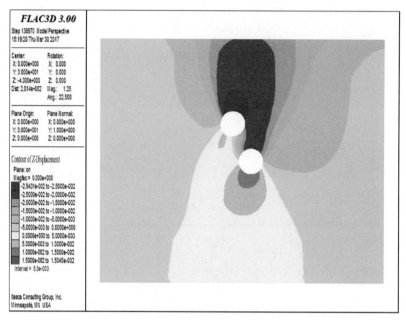

图 6.17 C模型位移云图

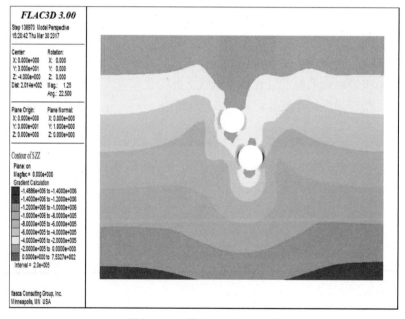

图 6.18 C模型竖向应力云图

10.8675m，$S_{v,max}$＝17.9611mm。

② 隧道变形及应力分析

图 6.20（a）、图 6.20（b）分别是 C 模型 30m 断面处隧道上、下竖向位移，可以看出，在盾构到达前上下监测点位移均较小，且均体现为沉降的趋势；在盾构通过阶段，即先行线开挖到 25 环时，隧道上方监测点有一个拐点，位移斜率突然增大，沉降明显，隧道下方在盾构通过时斜率也增大，由于应力释放，隧道下方产生的是隆起位移，说明在盾

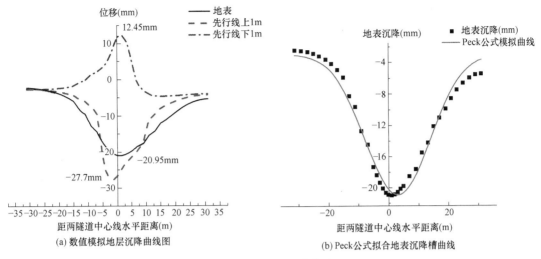

图 6.19　地层沉降位移

构通过时对土体的扰动最大；开挖至 30 环左右即盾尾脱出时，隧道上、下侧竖向位移变化斜率降低，此时土体受到的扰动较小；在开挖后行线时，管片上方点持续沉降、下方点持续隆起，表明后行线开挖时对先行线仍有扰动作用，当后行线开挖完后位移趋于稳定，上方点最终沉降量为 26.71mm，下方点最终隆起量为 14.54mm。

图 6.20（c）是隧道右侧的横向位移图，6.20（d）是隧道左侧的横向位移图。盾构到达前，左右两侧位移变化较小，均在 0mm 位置轻微浮动；盾构到达后位移变化较大，因为这时管片拼装完成，隧道上下方向向中间挤压，致使左右两侧的管片被挤压向外，位移均在 1.5mm 左右；盾构脱出后左右侧位移变化不大；开挖至后行线时，隧道左右两侧位移均表现为向右的趋势，表明后行线开挖对先行线的侧向位移有一定影响，但是变化量级较小，在安全控制范围以内。

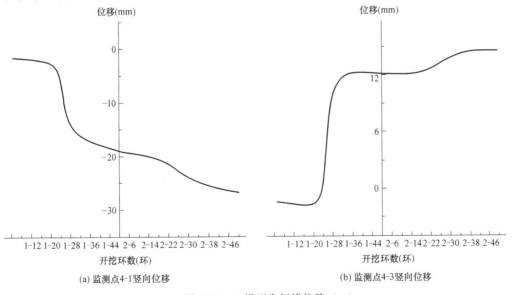

图 6.20　C 模型先行线位移（一）

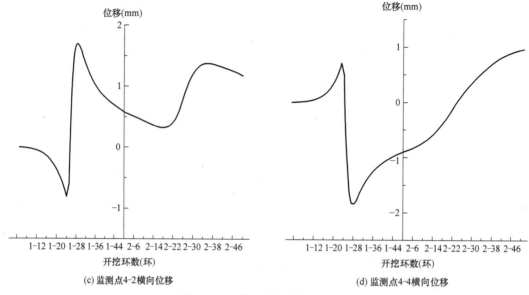

(c) 监测点4-2横向位移　　　　　　　(d) 监测点4-4横向位移

图 6.20　C模型先行线位移（二）

图 6.21 为先行线 30m 断面处隧道上侧的压力变化曲线，在地应力平衡后，压力基本没有变化；在盾构快要到达时，土体受前方开挖作用的影响应力出现了短暂的增加，达到 0.6MPa，随后在开挖到 25 环位置即监测点位置时开始应力释放，应力快速减小到 0.7bar 左右；在开挖到第二条线时，应力变化很小，但仍有少许增大，并最终稳定在 0.9bar 左右，说明后行线在开挖时对先行线有一个微小的挤压作用。

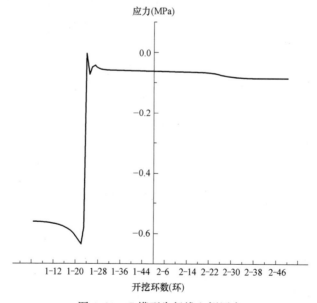

图 6.21　C模型先行线上侧压力

4）D模型

（1）位移云图

由图 6.22 可看出在隧道开挖之后，隧道上部土体出现沉降，最大沉降量 24.84mm，隧洞下部管片及土体出现隆起，最大隆起量 19.05mm。

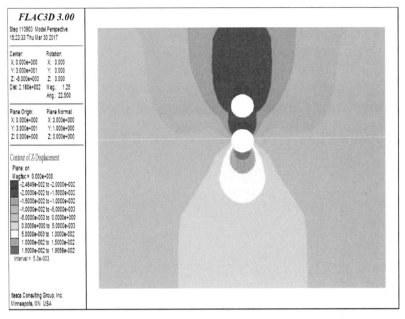

图 6.22　D模型位移云图

（2）应力云图

从图 6.23 中可以看出隧道开挖导致隧道左右两个点的应力较大，出现应力集中现象，右线隧道压应力 1.4682MPa，左线隧道压应力 1.0MPa，对地表影响较小；在隧道土体周围地层应力较大，最大可达 1.4682MPa，其应力随着距离隧道中心距离的增大而减小；在竖直方向上，应力随着深度的增加，应力值逐渐增加呈层状。

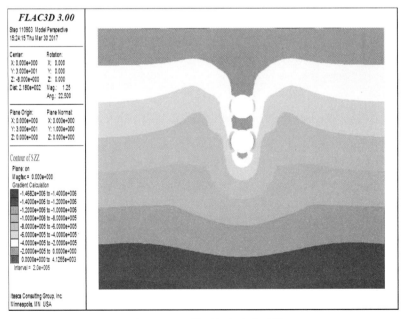

图 6.23　D模型竖向应力云图

（3）监测点分析

① 地层沉降变化规律

从图 6.24（a）可知在隧道竖向中心线（$x=0$）处位移沉降最大，最大沉降出现在右线隧道上面 1m（左右线隧道中间）处，沉降达 21.25mm。在图 6.24 沉降曲线可知沉降量在远离隧道方向减小，在距离隧道约 30m 处，隧道的开挖对土体的沉降影响即可忽略不计；在距离隧道 10m 之内沉降会较大，因此在隧道开挖时需要注意隧道周边土的沉降；由图 6.24 右线隧道下 1m 曲线分析得知，隧道开挖完后隧道下面会有隆起，隧道竖向中心线（$x=0$ 处）处隆起最大，达到 15.86mm，距离隧道越远，隆起越小，在距离隧道约 30m 时，隆起可以忽略不计。

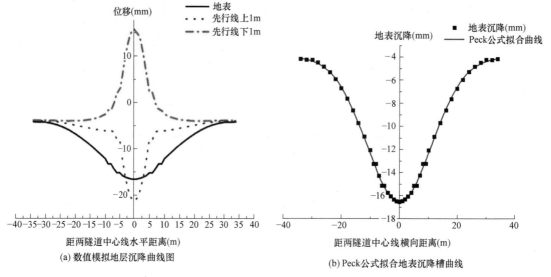

图 6.24　地层沉降位移

由图 6.24（b）可知，沉降槽宽度 w 为 11.2535m，最大沉降值为 12.4613mm，在完全叠落的情况下地表的沉降曲线与 Peck 公式拟合曲线基本吻合。

② 隧道变形及应力分析

图 6.25（a）为 30m 断面（25 环）右线隧道竖向中心线上方点（监测点 4-1）的沉降曲线。在开挖右线盾构到达前阶段，监测点 4-1 位移沉降很小；在盾构通过阶段，沉降斜率达到最大，说明位移沉降变化很大，在开挖时对土体影响很大；在长期沉降阶段，监测点沉降量持续增大，随着盾构离开的距离增大，位移沉降的斜率也逐渐变缓，在右线开挖完后趋于水平，沉降达到 24.54mm。继续开挖右线，在盾构到达前阶段监测点 4-1 的沉降变化很小；在盾构通过阶段，监测点 4-1 沉降量减小，斜率很小，说明开挖左线对先行线沉降没有很大影响；在长期沉降阶段，沉降趋于平缓，最终沉降 24.62mm。

图 6.25（b）为 30m 断面（25 环）右线隧道竖向中心线下方点（监测点 4-3）的沉降曲线。在开挖右线盾构到达前阶段，监测点 4-3 有很小的沉降；在盾构通过阶段，监测点有了明显的隆起，并且斜率很大，说明左线开挖，隧道下方土体产生向上的位移；在长期沉降阶段，监测点 4-3 隆起量持续增大，随着盾构离开的距离增大，位移沉降的斜率逐渐变缓，在右线开挖完后趋于平缓，隆起达到 9.11mm。继续开挖左线，在盾构到达前阶段

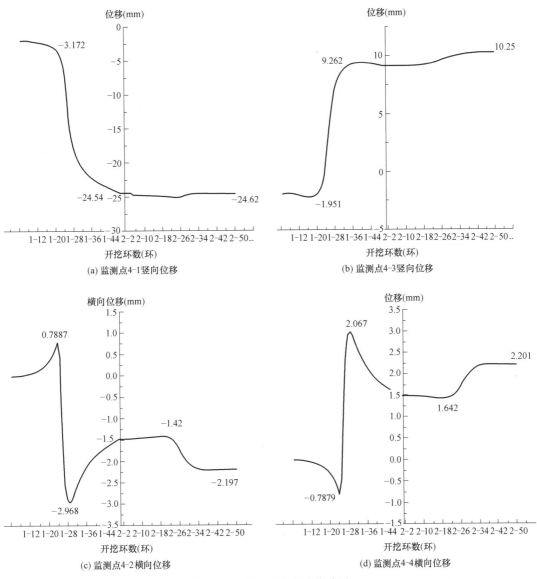

(a) 监测点4-1竖向位移　　　　　　　　　(b) 监测点4-3竖向位移

(c) 监测点4-2横向位移　　　　　　　　　(d) 监测点4-4横向位移

图 6.25　D模型先行线位移图

监测点 4-3 隆起变化很小；在盾构通过阶段，监测点 4-3 隆起继续增加，但增速很慢，说明开挖左线对先行线监测点 4-3 的隆起没有很大影响；在长期沉降阶段，斜率慢慢减小，曲线趋于平缓，最终隆起 10.25mm。

图 6.25（c）为 30m 断面（25 环）右线隧道横向中心线左方点（监测点 4-2）的横向位移曲线。在开挖右线盾构到达前阶段，监测点 4-2 有向隧道方向（右方向）的横向位移，位移很小；在盾构通过阶段，监测点 4-2 出现明显的反向（左方向）横向位移，并且位移变化很大，表明开挖右线使隧道左侧产生背离隧道方向的横向位移，最大值达到 2.97mm；在盾构刚刚通过阶段，开挖到 30 环又出现了明显的拐点，然后在长期沉降阶段，右线开挖完后趋于水平。说明在盾构通过后，隧道土体进行应力释放，致使横向位移减小。继续开挖左线，在盾构到达前阶段监测点 4-2 横向位移变化很小；在盾构通过阶

段，监测点 4-2 背离隧道方向的横向位移继续增加，但增量并没有达到右线开挖的最大值，说明开挖左线对先行线监测点 4-2 的横向位移没有产生很大影响；在长期沉降阶段，曲线慢慢趋于平缓，最终产生背离隧道 2.201mm 的横向位移。

图 6.25（d）为 30m 断面（25 环）右线隧道横向中心线右侧点（监测点 4-4）的横向位移曲线。在开挖右线盾构到达前阶段，监测点 4-3 有向隧道方向（左方向）的横向位移，位移很小；在盾构通过阶段，监测点 4-4 出现明显的反向（右方向）横向位移，并且位移变化很大，表明开挖右线使隧道右侧产生背离隧道方向的横向位移，最大值达到 2.97mm；在盾构刚刚通过阶段，开挖到 30 环又出现了明显的拐点，然后在长期沉降阶段，右线开挖完后趋于水平。说明在盾构通过后，隧道土体进行应力释放，致使横向位移减小。继续开挖左线，在盾构到达前阶段监测点 4-4 横向位移变化很小；在盾构通过阶段，监测点 4-4 背离隧道方向的横向位移继续增加，但增量并没有达到右线开挖的最大值，说明开挖左线对先行线监测点 4-4 的横向位移没有产生很大影响；在长期沉降阶段，曲线慢慢趋于平缓，最终产生背离隧道 2.197mm 的横向位移。

从图 6.26 分析可知在开挖右线盾构到达前阶段隧道上方监测点竖向应力变化不大，和地应力平衡之后基本没有变化；在盾构通过阶段，右线开挖使土体进行应力释放，应力出现明显的减小，应力值从 0.57MPa 减小为 0.08MPa，长期沉降阶段，应力又开始缓慢增加，在右线开挖完后趋于水平。继续开挖左线，在盾构到达前阶段应力变化很小；在盾构通过阶段，应力缓慢增加，说明左线开挖对先行线上方竖向应力没有产生很大影响；长期沉降阶段，应力又趋于平缓，最终应力为 0.1MPa。

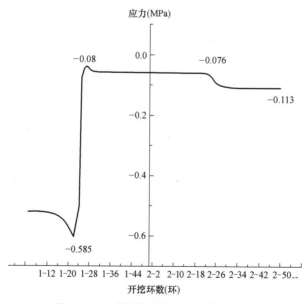

图 6.26 D 模型先行线上方竖向应力图

6.3.2 模拟综合分析

选取 A，B，C，D 模型纵向 30m 断面处地表和先行线上 1m 的沉降曲线进行整体模型分析，研究隧道在叠落度不同情况下的地层沉降规律。

由图 6.27 地表沉降曲线分析可得：A，B，C，D 4 个模型地表沉降曲线都出现沉降槽，槽底大致在两隧道中轴线处，由于地表距离隧道埋深较远，所以只出现一个沉降槽。由 4 条沉降曲线分析得出地表沉降量并没有随着隧道叠落度增加而增加，B 模型地表沉降最大，A 和 D 模型地表沉降较小。出现这种情况，有两种原因：一是模型隧道埋深，隧道是叠落的，隧道距地表距离是在发生变化的，A 和 D 模型隧道埋深较浅，故地表沉降较小是合理的；二是 A 和 D 隧道位置相对于 A 和 C 模型两隧道位置比较规整，因此在隧道开挖时对土层扰动较小，所以会出现这种情况。

由图 6.28 先行线上方 1m 处沉降曲线分析可得：A，B，C，D 4 个模型曲线变化幅度较大，曲线在左线隧道处表现为隆起，在右线隧道处表现为沉降，随着隧道叠落度增加，右线隧道处沉降量也相应增加，在两隧道完全叠落（D 模型）时地表沉降最大；左线隧道处 4 个模型只有 D 模型出现隆起，而其他几个只是有隆起趋势，原因是叠落度增大，两个隧道距离减小，相互影响增大。A 模型出现两个沉降槽，因为 A 模型为平行隧道，叠落度为 0，出现两个沉降槽是正常结果。通过模拟结果可知，随着隧道叠落度增加，在施工时需要采取措施防止沉降过大，确保施工安全。

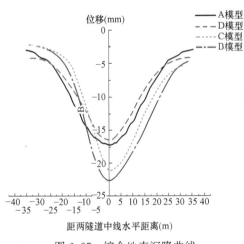

图 6.27 综合地表沉降曲线

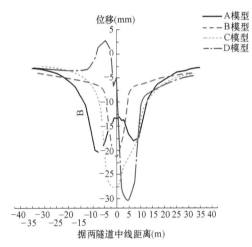

图 6.28 先行线上方 1m 处沉降曲线

6.4 数值模拟结果与实测对比分析

在地铁修建的过程中，实际监测了 72 个监测点，本节只取 C 模型的监测结果与实际结果进行分析。根据 C 模型的位置即两条隧道的间隔距离可以发现 C 模型在 370 环的位置，将其与 370 环处的实际监测数据进行对比可绘制出对比曲线如图 6.29 所示。

通过对实测和模拟数据曲线的对比，C 模型地面沉降槽与实测沉降槽趋势大致相同，槽底都在隧道中线附近达到沉降最大值，模拟沉降最大 20.9mm，实测沉降最大 19.08mm。模拟沉降比实测沉降大 1mm，在远离隧道中线位置，左侧实测数据要大于模拟数据，而右侧实测数据小于模拟数据，是由于模拟是水平均匀分层的，并没有按照真实地参进行划分，故模拟数据与实测数据出现偏差；另外由于现场监测数据较少，不能对模拟与实测进行更多的对比，本模拟在误差允许范围内，得出的结果符合误差要求，数值模

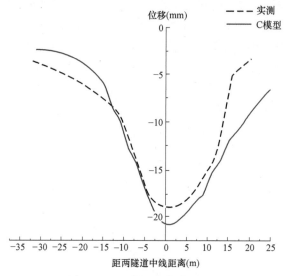

图 6.29　地表沉降曲线对比图

拟对现场施工有指导作用和预测作用。

6.5　本章小结

通过以上对数值模拟结果的分析可以得出以下结论：

（1）先行线开挖对土体影响较大，后行线开挖对先行线有影响，影响不太明显，这样的开挖方式整体沉降较小是符合施工要求的。

（2）随着隧道叠落度的增大，后行线隧道开挖对先行线隧道位移沉降也增大，对隧道施工也提出了更高的要求，需要采取措施保证隧道开挖的安全。

（3）根据 Peck 公式拟合曲线可以看出，在完全平行和完全叠落时地表沉降规律基本符合 Peck 公式规律，而部分叠落隧道不完全符合 Peck 公式的规律，说明隧道叠落对地表沉降是有影响的。

（4）对 A，B，C，D 4 个模型监测点 4-1，4-2，4-3，4-4 的监测数据可以得出，在盾构通过阶段，隧道两侧会出现向隧道反方向的横向位移，隧道上下会出现向隧道方向的位移，使整个圆形隧道产生一个趋于椭圆的趋势。隧道变形放大效果情况如图 6.30 所示。

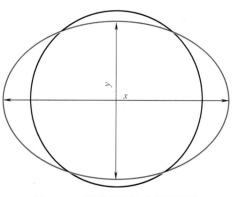

图 6.30　隧道变形放大效果情况

（5）通过对模拟结果与实测数据进行对比，模拟结果在误差范围内，对现场施工有指导和预测作用。

第7章 小近距双孔叠落隧道相互影响的动态监测及变形控制技术

7.1 区间叠落段地表沉降监测研究

地铁隧道施工对地表的扰动是不可避免的，盾构工法对地表的扰动相对较小，由于地铁区间施工大多处于城市相对繁华、人口密集地区，地表变形大于变形临界值就会对周边高层建筑、道路、地下管线等产生较大影响，因此对盾构隧道区间重点区域沉降进行监测来反馈施工显得尤为重要。盾构区间施工监测项目主要有道路及地表沉降、地下管线沉降、桥梁墩柱（台）沉降及差异沉降、建筑物沉降监测等，考虑到本书的主要研究方向，选取地表沉降为主要监测项目。

7.1.1 地表沉降监测点总体布置原则

施工监测作为一项系统工程在施工中占据越来越重要的位置，目前对于施工中的监测项目已经独立到专门的监测单位进行，根据对北京其他盾构区间监测工作的总结，监测点布设有以下原则：

（1）监测工作的成效性与选用的监测方法和测点的布置有直接关系。

（2）监测工作以满足现场安全管理和监控为前提。

（3）布点位置及数量应结合地质条件、地层性质、施工工艺、地表周边环境以及监测费用等因素综合考虑。

（4）地表监测点的位置首先应能保证良好地反映地表的变形特征，而且要便于仪器观测，还要尽量避免外界因素对监测点的破坏。

（5）道路及地表沉降监测点的埋设，应根据现场实际情况灵活处理，可采用标准方法和浅层设点方法。对预先探测到地中存在空洞和施工中发生塌陷的地段，应采用标准方法进行地表沉降观测点埋设。

7.1.2 南一东区间盾构叠落段布点方案

南东区间设计里程为 K11+172.764～K12+891.303，本书选取完全叠落段（K11+252.2207～K11+317.2207）为主要研究对象，区间长度65m。

以往研究表明，"先上后下"施工地表的最终沉降值大于"先下后上"施工地表的最终沉降值，在"先下后上"的施工顺序中，后建上隧道的施工对既有下隧道周围围岩位移、围岩拱顶竖向应力、拱顶环向轴力的二次扰动更大。所以本区间隧道采用"先下后上"的施工顺序，即先施工叠落段位于下方的右线，后施工位于上方的左线，右线隧道叠落段穿越土层主要为砂卵石层，埋深21.5~23.7m，地下水主要为层间潜水和承压水；左线隧道叠落段在K11+252.2207~K11+267.2207里程主要穿越土层为粉质黏土层，总长度约15m，在K11+267.2207~K11+317.2207里程主要穿越砂卵石地层，总长度约50m，左线隧道埋深13.8~15.3m，地下水主要为潜水和层间潜水。叠落段隧道垂直距离为1.95~3.3m。

盾构区间完全叠落段地表共布设36个沉降监测点，左线叠落段穿越粉质黏土层段和穿越砂卵石层段各布设18个监测点，监测精度为1.0mm，地表沉降监测频率如下：当掘进面距离监测断面前后小于20m时，每天一次；当掘进面距离监测断面前后小于50m时，两天一次；当掘进面距离监测断面前后大于50m时，每周一次；根据数据分析确定沉降基本稳定后，每月一次，如果检测过程中出现异常，应当加密监测频率。每次现场监测工作实施时同时进行现场安全巡视，并保证每天巡视一次，特殊情况应加密巡视频率。

叠落段共设置6个监测断面D1~D6，D1断面包括DB-1-1~DB-1-4四个监测点，D2断面包括DB-2-1~DB-2-12十二个监测点，D3断面包括DB-3-1和DB-3-2两个监测点，D4断面包括DB-4-1~DB-4-14十四个监测点，D5断面包括DB-5-1和DB-5-2两个监测点，D6断面包括DB-6-1和DB-6-2两个监测点。叠落段地表沉降监测布点图见图7.1。

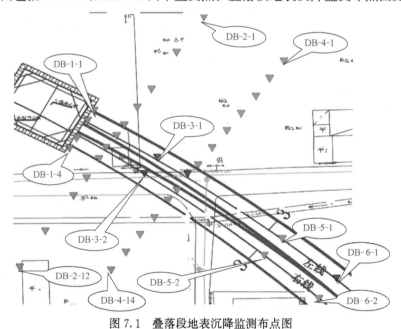

图7.1 叠落段地表沉降监测布点图

7.1.3 南—东区间盾构叠落段地表沉降监测方法

1）地表沉降基准点及监测点布置

基准点必须埋设在施工影响范围（50m）以外。基点埋设于施工造成的土体沉降影响深度以下的地层中，采用钻机开凿φ200mm孔，清孔彻底后下入保护管，保护管与孔壁间回填黏土，然后在保护管内下入基点保护座和标杆，底座用水泥浇筑；顶部做成圆球状，并做好测点的保护盖，如有破坏时可按上述要求补充埋设基点，地表基准点埋设形式如图 7.2 所示。工作基点采用强制归心的水泥观测墩，每测区不少于 3 个，以便相互校核。顶面长宽各 0.4m，地下部分埋深大于 1.2m，地面部分高 1.0m，见图 7.3。

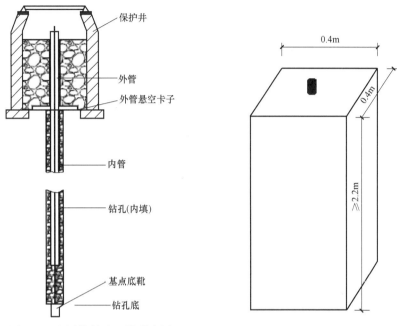

图 7.2　监测控制基埋设形式图　　　　图 7.3　监测工作基点图

2）测点埋设方法及技术要求

（1）测点埋设方法

测点埋设应采用标准方法和浅层设点方法。对预先探测到地中存在空洞和施工中发生塌陷的地段，采用标准方法进行地表沉降观测点埋设。道路及地表沉降测点标准埋设方法为：首先在地面开 $d=100mm$ 的孔，打入顶部磨成椭圆形的 $\phi22mm$ 螺纹钢筋，长度应超过冻土线深度，即大于 0.8m（如果是混凝土路面，钢筋底部至少应进入到路面下的路床内 20cm，并与路面分离）；然后在标志钢筋周围填入细砂夯实，为了防止由于路面沉降带动测点沉降影响监测成果数据，不可用混凝土或水泥固牢；最后还应在监测点上部做铁盖加以保护。浅层设点方法为：首先在地面用冲击钻钻出深约 20cm 直径 12cm 的孔，再把顶部带有凸球面的 $\phi8mm$ 圆钢放入孔中，缝隙采用锚固剂填充。

（2）埋设技术要求

道路、地表沉降监测测点应埋设平整，防止由于高低不平影响人员及车辆通行，同时测点埋设应稳固，做好清晰标记，方便保存。

（3）监测控制标准

地表沉降控制指标为变形控制指标，监测控制标准为最大允许沉降值为 30mm，最大允许变形速率为 4mm/d，地表隆起控制值为 10mm。

3）监测数据处理与分析

（1）监测数据处理

基点和附近水准点联测取得初始高程。地表监测基点为标准水准点（高程已知），监测时通过测得各测点与水准点（基点）的高程差，可得到各监测点的标准高程，然后与上次测得高程进行比较，差值即为该测点的沉降值。

由于现场量测所得的原始数据具有一定的离散性，包含着偶然误差的影响，所以不经过数学处理是难以利用的，在数据整理中，可选用沉降-时间曲线的散点图进行处理。

监控量测数据处理可采用回归分析，通过对所得的数据进行回归，找出一条能代表沉降-时间散点分布的拟合曲线，预测最大沉降量。根据所测道路及地表下沉值，判断道路及地表沉降是否超过安全控制标准以及采用工程措施的可靠性。

当结构变形同时满足以下 3 条规定时则道路及地表沉降可判定达到基本稳定：

① 道路及地表沉降速度有明显减缓趋势；

② 道路及地表沉降收敛速度小于 0.01～0.04mm/d；

③ 收敛量已达总收敛量的 80％以上。

（2）监测数据分析

观测点稳定性分析的原则如下：

① 观测点稳定性分析是基于稳固基准点开展测量，再对测量数据进行平差计算后得到的结果；

② 相邻两次的观测点的变动分析通过比较相邻两次的最大变形量与最大测量误差来进行，当变形量小于最大误差时，可认为该观测点在这两次观测中没有变动或变动不明显；

③ 对于多次变形观测成果，当相邻两次观测变形量小，但多次观测呈现出明显变化趋势时，应视为有变动。

（3）监测预警判断

监测预警判断：①将阶段变形速率、变形量与控制标准进行比较，判断监测点预警状态；②如数据显示达到警戒标准，分析确认有异常情况时，应及时做相关处理。

7.1.4 右线（下洞）隧道施工后地表沉降数据分析

2011 年 9 月 15 日左右，南—东区间左线盾构正在进行施工前的准备工作，同时右线隧道已施工至 348 环，此时由右线盾构施工引起的叠落段地表变形已基本结束，对 D1～D6 六个断面进行连续监测，直至沉降基本稳定，各地表沉降监测点沉降值见表 7.1。

2011 年 9 月 15 日各地表沉降监测点累计沉降量统计　　表 7.1

地表沉降测点	沉降量（mm）	地表沉降测点	沉降量（mm）	地表沉降测点	沉降量（mm）
DB-1-1	−3.66	DB-2-9	−5.73	DB-4-7	−12.48
DB-1-2	−4.24	DB-2-10	−5.05	DB-4-8	−18.00
DB-1-3	−4.00	DB-2-11	−3.63	DB-4-9	−19.08
DB-1-4	−5.93	DB-2-12	−2.93	DB-4-10	−18.88
DB-2-1	+0.97	DB-3-1	−7.84	DB-4-11	−16.24
DB-2-2	−2.34	DB-3-2	−8.90	DB-4-12	−13.96
DB-2-3	−2.40	DB-4-1	−3.68	DB-4-13	−5.06
DB-2-4	−4.89	DB-4-2	−4.11	DB-4-14	+1.82
DB-2-5	−5.97	DB-4-3	−10.30	DB-5-1	−10.89
DB-2-6	−7.92	DB-4-4	+1.40	DB-5-2	−11.11
DB-2-7	−6.63	DB-4-5	−7.09	DB-6-1	−13.57
DB-2-8	−6.20	DB-4-6	−8.40	DB-6-2	−14.90

注："＋"代表地表隆起，"−"代表地表沉降。

根据 D2 及 D4 断面处地表沉降监测绘制散点图，如图 7.4 及图 7.5 所示。

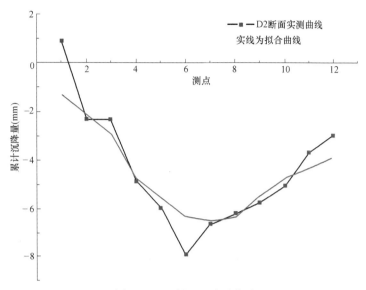

图 7.4　D2 断面沉降量曲线

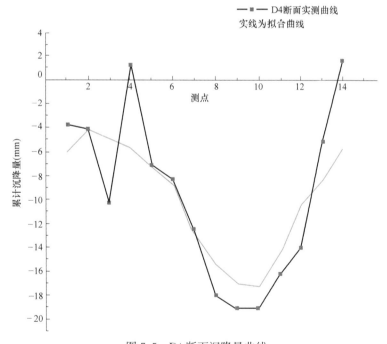

图 7.5　D4 断面沉降量曲线

结合表 7.1、图 7.4 和图 7.5 及具体地层条件等，实测结果表明：

（1）由表 7.1 可知，D2 断面处最大沉降为 5.93mm，相对于其他断面沉降值略小，这是由于 D2 断面处于盾构始发阶段、盾构推进速度较慢、始发端头加固效果良好等原因。

（2）由图 7.4 和图 7.5 可以看出，D1、D2 两个断面处沉降曲线沿隧道中心不对称分布，每个断面的最大沉降发生在隧道中线上，沿隧道横向逐渐减小，离轴线较远的区域地表有较小隆起，平均不到 2mm。

（3）根据上述监测结果，上覆土为粉质黏土的 D1、D2 断面沉降值整体小于上覆土为砂卵石地层的 D3～D6 断面，D1、D2 断面处的平均沉降值为 7mm，另外 4 个断面的平均沉降值为 12mm，则在相同施工条件下，上覆土为粉质黏土的地表沉降略小于上覆土为砂卵石层的地表沉降。

（4）根据表 7.1 监测结果可知，D3、D5、D6 断面在穿越土层及上覆土性质基本一致的情况下，平均沉降依次增大，这是由于隧道埋深沿着隧道掘进方向不断减小所致。

（5）从图 7.5 中看到，D4 断面的第 3、4 沉降监测点起伏较大，可能由于施工或监测点破坏等原因造成的。

（6）整体监测结果显示，叠落段最大沉降量出现在 D4 断面，最大沉降为 19.08mm，在设计允许范围内，其他各断面沉降量均小于 15.00mm。在现场巡视过程中，盾构各施工参数适当，盾构姿态良好，未出现需要进行较大纠偏等情况，叠落段下线隧道整体施工情况良好。

7.1.5 左线（上洞）隧道施工引起地表二次沉降数据分析

左线隧道于 2011 年 9 月底开始盾构的调试，于 10 月 2 日开始推进，左线隧道施工对地层产生了二次扰动，引起地表二次沉降，再对 D1～D6 六个断面进行监测直至沉降基本稳定，根据地表沉降数值绘制沉降图 7.6～图 7.10，图 7.13～图 7.15。

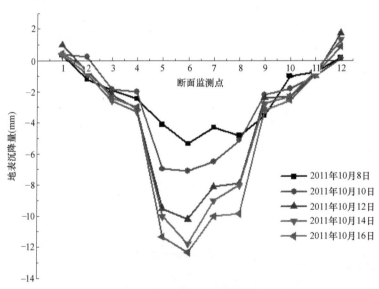

图 7.6　上洞隧道施工 D2 断面横向沉降

根据图 7.6、图 7.7 可以看出，上洞隧道的施工对地表产生了二次扰动，导致地表二次沉降，且 D2、D4 断面的横向沉降规律与单洞施工横向沉降规律相似，距隧道中心线较远处地表略有隆起。D4 断面的第 3、4 沉降监测点由于施工或监测点破坏等原因，测点异常。

根据图 7.8、图 7.9 可以看出，上洞隧道施工使地表产生先隆起后沉降的趋势，这是

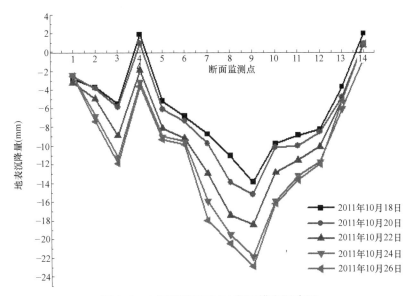

图 7.7 上洞隧道施工 D4 断面横向沉降图

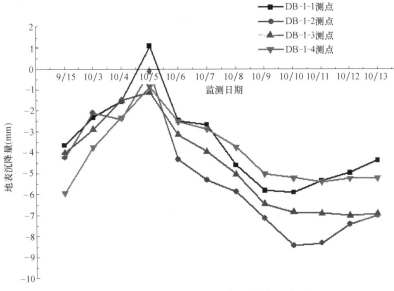

图 7.8 上洞隧道施工 D1 断面纵向沉降图

由于下洞隧道加固效果良好，盾构到达监测点之前对前方土体的挤压使地表有向上隆起的趋势；当盾体通过监测点时，周边土体失去盾构外壳的支撑，而代之以未凝固或未完全凝固的浆液做支撑，地表产生沉降的趋势；盾构通过后及时进行二次补浆，地表沉降渐趋稳定。由图 7.8 和图 7.9 可知，D1 断面的最大沉降值为 8.45mm，D2 断面的最大沉降值为 12.35mm，说明对地表沉降的控制效果较好。

由图 7.9、图 7.10 可以看出，D3 断面的沉降规律与 D2 断面大不相同，D3 断面在上洞隧道施工时不仅没有隆起的趋势，而且沉降在盾构到达监测点时已经开始。在盾构的推进过程中，D3 断面沉降量不断增大，沉降速率较大，地表沉降明显有超过规定值 30mm

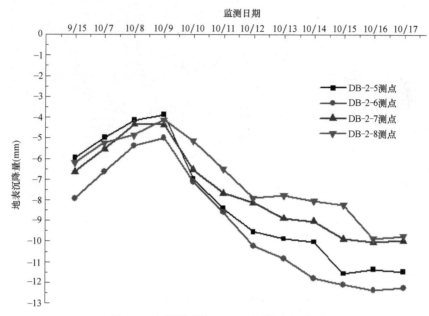

图 7.9　上洞隧道施工 D2 断面纵向沉降图

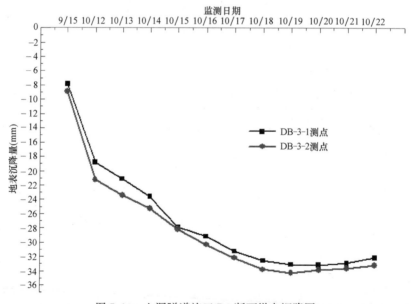

图 7.10　上洞隧道施工 D3 断面纵向沉降图

的趋势，10 月 15 日，同步注浆浆液更换为水泥-水玻璃液浆，对沉降速率过大的区域及时用双液浆进行二次补浆，基本控制了沉降速率过大问题，但是 D3 断面的最大沉降量仍然达到 34.26mm。

D3 断面地表沉降量超出 D2 断面地表沉降量较多，在总结分析后得出，D3 断面沉降过大的原因是 D3 断面处上洞与下洞层间土未进行加固，从而导致沉降过大。D2 断面未进行层间土加固并未出现较大沉降是由于 D2 断面穿越土层主要为粉质黏土层，穿越粉质黏土层不需要层间土加固，但 D3 断面穿越土层主要为砂卵石层，砂卵石层需要进行层间土加固，应对即将推进穿越的砂卵石层土体进行层间土加固。

图 7.11 D2 断面处渣土主要为粉质黏土

图 7.12 D3 断面处渣土含较多卵石

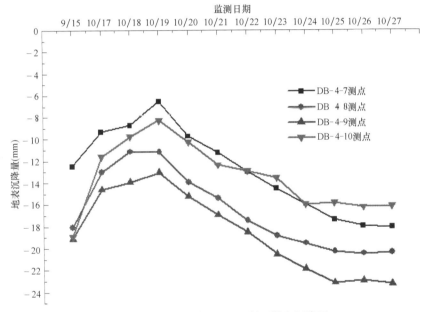

图 7.13 上洞隧道施工 D4 断面纵向沉降图

由图 7.13 可知，D4 断面的最大沉降量为 23.22mm，相对来说地表沉降控制效果良好，且推进中有先隆起后沉降的趋势，与 D2 断面沉降规律类似。D4 断面地表沉降控制较 D3 断面控制效果良好，是由于对上下洞层间土体加固的原因，具体加固措施见后面章节，可见，在盾构穿越土层为粉质黏土层时不需要对层间土进行加固，在盾构穿越土层为砂卵石层时需要对层间土进行加固。

由图 7.14 可知，盾构推进过程中，地表有先隆起的趋势，但是从 10 月 26 日至 10 月 28 日地表沉降速率过大，最大沉降速率达到 4mm/d，从 10 月 29 日起地表沉降速率减小，地表沉降趋于稳定。经现场踏勘发现，10 月 26 日至 10 月 28 日由于盾构出现故障，停止推进，10 月 29 日盾构恢复正常推进，在停止推进前，虽然有减小出土量，继续推进使土仓内土压略大于设定土压，但是停机时间较长，并未采取其他防止盾构后退的措施，则导致在停机期间，地表沉降速率过大。

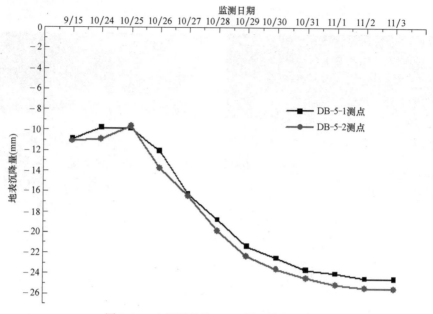

图 7.14 上洞隧道施工 D5 断面纵向沉降图

由图 7.15 可知，D6 断面地表最大沉降量为 17.81mm，相对来说地表沉降控制效果良好，且推进中有先隆起后沉降的趋势，与 D2、D4 断面沉降规律类似。由 D2、D4、D6 断面沉降图可知，叠落段后行盾构推进对地表影响有先隆起后沉降的趋势，在各种控制沉降措施效果良好的情况下，后沉降值不大，均在地表沉降允许值范围内。由 D2、D4、D6 断面地表沉降图得出，由下洞隧道推进引起的地表沉降量占最终沉降的 76.65%，由上洞隧道推进引起的地表沉降占总沉降的 23.35%；由 D3、D5 断面地表沉降图得出，由下洞隧道推进引起的地表沉降量占最终沉降的 34.78%，由上洞隧道推进引起的地表沉降占总

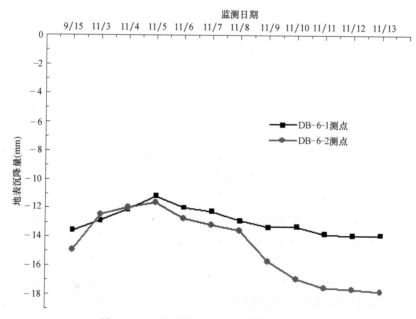

图 7.15 上洞隧道施工 D6 断面纵向沉降图

沉降的65.22%。可见在上洞隧道地表沉降控制良好的情况下，引起地表沉降最主要原因是下洞隧道的推进，而在上洞隧道地表沉降控制不理想的情况下，引起地表沉降的主要原因为上洞隧道的推进。所以，在叠落式隧道后行盾构推进中，应加强地表沉降控制措施，尽量减小后行盾构推进引起的地表二次扰动。

7.2 小近距长距离叠落隧道光栅光纤应力应变监测

信息化施工技术是运用系统工程于施工的一种现代化施工管理方法，由于上洞隧道距下洞隧道距离较近，上洞隧道施工工况复杂；同时盾构上下叠落施工对上方地表影响范围及大小与正常平行隧道完全不同，且无既有经验参考；叠落段盾构施工过程中后始发隧道可能会对先始发隧道造成损害，无论是先施工上行隧道，还是先施工下行隧道对地层扰动更小无法确定。

两条盾构区间下穿成片古旧平房群同时也是城市人口密集的地方，盾构推进过程中，其上部建筑或者居民就会受到其所引起的地基或者地表的振动以及由此产生的二次振动的影响，特别会对古、旧建筑物的结构安全带来影响，另外，可能会使人体感到不同程度的不适从而影响人们的身体健康，干扰人们的正常生活，尤其上行隧道施工时对土层上部的影响更大；叠落段隧道端头加固、盾构始发、到达较普通隧道存在更大风险。因此，为最大限度地减少对下洞隧道及地面的影响，需要运用信息化施工技术对隧道进行监测。

7.2.1 监测的目的与内容

监测项目主要完成下行隧道管片间、管片内和管片环间的应力应变监测，其目的在于：

（1）掌握上行隧道掘进过程中对下行隧道环片挤压所引起的不同位置的应变情况；

（2）获取上行隧道掘进不同阶段对下行隧道环片挤压所产生的管片间的变形大小，为后续数据分析提供支持；

（3）获取上行隧道掘进不同阶段对下行隧道环片挤压所产生的管片内的微变形，为后续数据分析提供支持；

（4）获取上行隧道掘进不同阶段对下行隧道环片挤压所产生的管片环间的变形大小，为后续数据分析提供支持。

为了保证管片监测点的成活率及精度，本次监测采用光纤光栅（FBG）传感器对管片间、管片内和管片环间的应力应变进行监测。由于光栅传感器与混凝土管片是紧密贴合在一起的，变形及位移变化是同步的，因此光栅传感器的应变反应为混凝土管片的应变。在盾构掘进过程中，使用光纤光栅解调仪记录各布设位置的光纤光栅传感器波长变化，根据波长变化换算相应的应力应变变化。

7.2.2 监测仪器及工作原理（FBG式传感器）

1）FBG传感器的优势及技术参数

FBG传感器在传感网络应用中具有非常明显的技术优势，主要包括：

（1）可靠性好、抗干扰能力强。由于光纤光栅对被测信息用波长编码，不受光源功率波动和光纤弯曲等因素引起的系统损耗的影响。

（2）测量精度高。精确的透射和反射特征（小误差）使其更加准确地反映了应力和温度的变化。

（3）单路光纤上可以制作多个光栅的能力可以对大型工程进行分布式测量，其测量点多，测量范围大。

（4）传感头结构简单、尺寸小，适于各种应用场合，尤其适合埋入材料内部构成所谓的智能材料或结构。

（5）抗电磁干扰、抗腐蚀、能在恶劣的化学环境下工作。

本监测项目选用先进的光纤 Bragg 光栅传感器（表 7.2），并配以 Si425 光栅解调仪作为数据采集器，通过相应的计算公式计算得出桩体各点的微应变、挠度、应力、弯矩、剪力及载荷情况。

光纤光栅应变传感器参数

表 7.2

FBG 中心波长(nm)	1525～1565	FBG 中心波长(nm)	1525～1565
光栅反射率(%)	≥85	温度范围(℃)	−30～+80
分辨率($\mu\varepsilon$)	1	外形尺寸(mm)	100×30 工字形
精度($\mu\varepsilon$)	3	引线类型	左右各 0.5m/1m，铠装
量程($\mu\varepsilon$)	±3000	封装结构	专业的防腐蚀、防潮设计

2）FBG 传感器的测试原理

光纤光栅是利用光纤材料的光敏性，通过紫外光曝光的方法将入射光相干场图样写入纤芯，在纤芯内产生沿纤芯轴向的折射率周期性变化，从而形成永久性空间的相位光栅，其作用实质上是在纤芯内形成一个窄带的（透射或反射）滤波器或反射镜。当一束宽光谱光经过光纤光栅时，满足光纤光栅布拉格条件的波长将产生反射，其余的波长透过光纤光栅继续传输，而光纤光栅的反射或透射波长 n_{eff}，任何使这两个参量光谱光栅周期 Λ 和反向耦合模的有效折射率发生改变的物理过程都将引起光栅布拉格波长的漂移，如式（7-1）所示：

$$\Delta\lambda_B = 2n_{\text{eff}} \cdot \Delta\Lambda \tag{7-1}$$

所有引起光栅布拉格波长漂移的外界因素中，最直接的为应变参量，无论是对光栅进行拉伸还是压缩，都会导致光栅周期 Λ 的变化，并且光纤本身所具有的 n_{eff} 也随外界应变的变化而变化，这为光纤布拉格光栅弹光效应制成光纤光栅应变传感器提供了最基本的物理特性。其传感原理见图 7.16。应变引起光栅布拉格波长漂移可以由式（7-2）给予描述：

$$\Delta\lambda_{B\varepsilon} = \lambda_B(1-P_e) \cdot \Delta\varepsilon = K_\varepsilon \cdot \Delta\varepsilon \tag{7-2}$$

式中，P_e 为光纤的弹光系数；K_ε 为测量应变的灵敏度。

由于温度变化也会引起 Bragg 光栅波长的变化，其两者关系见式（7-3）：

$$\Delta\lambda_{BT} = (a+\xi) \cdot \Delta T = K_T \cdot \Delta T \tag{7-3}$$

式中，a 为 Bragg 的热膨胀系数，ξ 为 Bragg 的热光系数。

由式（7-2）可知，基于此原理的光纤光栅应变传感器是以光的波长为最小计量单位的，而目前对光纤光栅 Bragg 波长移动的探测达到了 pm 量级的高分辨率。因此，其具有

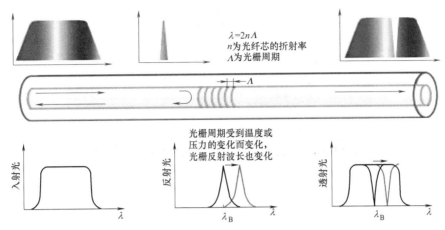

$\lambda = 2n\Lambda$
n 为光纤芯的折射率
Λ 为光栅周期

光栅周期受到温度或
压力的变化而变化，
光栅反射波长也变化

入射光

反射光

透射光

图 7.16　光纤光栅传感系统的基本原理图

测量灵敏度高的特点，而且只需要探测到光纤中光栅波长分布图中波峰的准确位置，与光强无关，对光强的波动不敏感，比一般的光纤传感器具有更高的抗干扰能力。该传感器的动态范围大（最高可达 $10000\mu\varepsilon$），线性度好。另外，在应变测量中，为了克服温度对测量的影响，由式（7-2）、式（7-3）可以看出，在测量系统可采用同种温度环境下的光纤光栅温度补偿传感器进行克服。具体的光纤 Bragg 光栅应变传感器及温度补偿传感器见图 7.17、图 7.18。

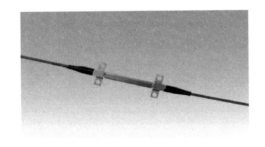

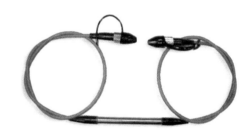

图 7.17　应变传感器　　　　　　　　　　　图 7.18　温度补偿传感器

由于光纤光栅 Bragg 波长的变化与应变或环境温度的变化呈线性关系，通过检测光纤光栅 Bragg 波长，就可以测得应变或环境温度。在工程应用中一般采用合适应用的方法，用环氧树脂胶进行封装，外加保护封装进行保护，从而形成光纤光栅传感器。

由于光纤光栅（FBG）只能对某个波长进行反射，反射波长的变化需要通过光纤光栅解调仪来测量，一般需要对多个光纤光栅传感器进行测量，也就是说要进行波分复用，将多个光纤光栅（FBG）串接、每个光纤光栅（FBG）对应一个中心波长，在保证测量的动态范围内，各个光纤光栅（FBG）的波长之间不重叠，这样通过光纤光栅解调仪（FBG Interrogator）实现对不同光纤光栅传感器的反射波长的测量，从而转化成压力或应变的数据。

3）Si425 光栅解调仪

Si425 光栅解调仪（图 7.19、表 7.3）是由美国 Micron Optics 公司提供的最新传感技术产品。该仪器是一个大功率、高速度、多传感器的测量系统。该仪器使用 Micron Optics 专利技术校正波长扫描激光器，4 根光纤可连多达 512 个传感器。

图 7.19　Si425 光栅解调仪

光纤光栅波长解调仪主要指标　　　　　　　　　　　表 7.3

Si425	500	300	200
光学指标			
光学通道数	4(8 或 16 可选)	2	1
每通道最大传感器数量	128	64	32
波长范围(nm)	1520～1570(1510～1590 可选)		
稳定性(pm)	2	2	2
典型光栅要求	切趾,反射率>90%,带宽<0.25nm		
动态范围(dB)	25	15	15
扫描频率(Hz)	250*	100	50
光学接头	FC/APC	FC/APC	FC/APC
电气特性			
电源供应	24VDC 或 100～240VAC		
外部数据传输接口	以太网	以太网	以太网
机械特性			
彩色显示屏	是	是	否
工作温度(℃)	10～40		
储存温度(℃)	−20～70		
外形尺寸(mm)	133×432×451		
可选配置	内置80G硬盘		
精度(pm)	+/−1		

　　该仪器的特点是精度高、灵敏度好、可靠性高、测量点多、测量范围大、传感器结构简单、尺寸小,适于各种应用场合,抗电磁干扰,抗腐蚀,能在比较恶劣的化学环境下工作。

　　该仪器可应用于桥梁、大坝、建筑、钢结构、飞机、轮船、石油平台、输油管道、混凝土、锅炉等的应力应变及温度测量。

　　4)数据分析原理

　　本监测的直接测量量为波长,经标定,通过式(7-4)可计算出某次测量的微应变,然后通过图 7.20 所示分析原理即可求得相应的转角、挠度、应力、弯矩、剪力、载荷等力学量。

　　根据标定实验还发现,当传感器受拉时,波长增加;当传感器受压时,波长减小,故可根据波长的增大或者减小来判断传感器的拉压情况。

$$微应变 \varepsilon = (\lambda_i - \lambda_0) \times 964.22 \tag{7-4}$$

　　图 7.20 中,M 为弯矩,I 为截面惯性矩,r 为管桩内壁半径,s 为管桩内壁任意点的应力,E 为管桩的弹性模量,ε 为应变,v'' 为挠度的二阶导数。

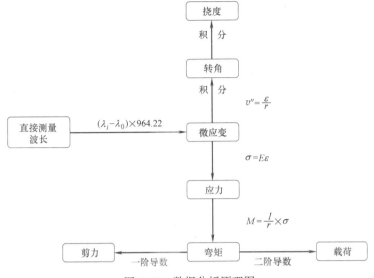

图 7.20 数据分析原理图

5）传感器安装工艺

被测体为混凝土预制构件，因此光纤光栅传感器采用表面安装的方式进行安装固定，且能够与被测预制构件形成很好的耦合，能够真实反映出被测预制构件的应力应变变化。

根据每环的监测点数，将不同波段的传感器分组标记，再根据各个测试点间的距离，预留相应长度的光纤连接跳线。

将各个断面组别的传感器首尾使用光纤 PC 接头相连，将各个监测环面的组别安装成一个测试环路，且使用解调仪测试各个传感器是否正常及信号强弱情况，如图 7.21、图 7.22 所示。

图 7.21 传感器分组

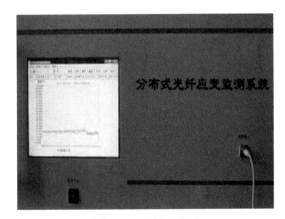

图 7.22 传感器测试

（1）打安装孔

取一只尺寸相同的样品传感器，在标记的固定点点位处打安装孔，孔深应略大于固定螺栓长度。

（2）安装传感器固定片

将传感器的固定片用膨胀螺栓固定，其作用是能够使传感器和被测体更好的耦合。

（3）安装传感器

用螺栓将传感器没有固定片一侧的两个孔通过螺栓固定于管片表面，同一传感器的各个固定螺栓必须处于同一水平，旋紧螺栓。多余悬空光纤就近固定于管片表面，避免影响其他施工，如图 7.23、图 7.24 所示。

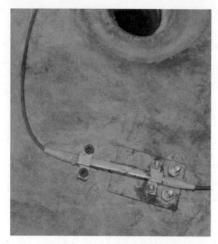

图 7.23　传感器安装固定

图 7.24　传感器布线

（4）基准数据采集

将相邻传感器串行连接并用光缆延伸至监控室，传感器测试光缆在布线过程中要结合实际工程情况，避免由于人员设备等原因挂断测试光缆。完成布线后进行首次数据采集，此数据即作为整个监测项目进行期间的基准数据。首次数据采集过程中发现问题就地解决。

（5）填写安装记录

填写安装记录表，将传感器实际安装位置与传感器波长一一对应、保存。注意：该安装记录为测试重要部分。如图 7.25 所示为测试界面。

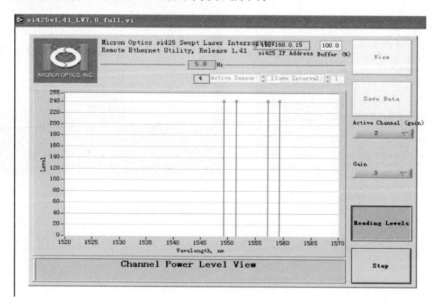

图 7.25　传感器测试界面

7.2.3 传感器安装信息

在北京地铁 8 号线"什南"和"南中"两个区间 144 个测点处安装传感器，每环安置 5～7 个应变计进行监测，监测工作量见表 7.4。

监测工作量汇总表 表 7.4

序号	隧道区间	监测内容	监测点位置	监测点数	备注
1	什南区间	下行隧道管片间变形	下行隧道 300 环，330 环，370 环，600 环位置	24	每环安设 6 个应变计
2		下行隧道管片内变形	下行隧道 300 环，330 环，370 环，600 环位置	28	每环安设 7 个应变计
3		下行隧道内管片环间变形	下行隧道 300 环，330 环，370 环，600 环位置	20	每环安设 5 个应变计
4	南中区间	下行隧道管片间变形	下行隧道 30 环，135 环，200 环，325 环位置	24	每环安设 6 个应变计
5		下行隧道管片内变形	下行隧道 30 环，135 环，200 环，325 环位置	28	每环安设 7 个应变计
6		下行隧道内管片环间变形	下行隧道 30 环，135 环，200 环，325 环位置	20	每环安设 5 个应变计

1）什南区间安装记录（以 301 环为例）

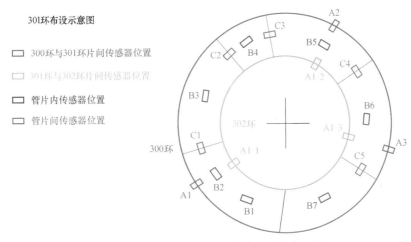

图 7.26 什南区间 301 环传感器安装位置图

什南区 301 环传安装记录表 表 7.5

环片间传感器编号	初始波长（nm）	管片内传感器编号	初始波长（nm）	管片间传感器编号	初始波长（nm）
A1	1534.035	B1	1532.555	C1	1538.071
A2	1546.762	B2	1537.699	C2	1548.792
A3	1535.333	B3	1547.387	C3	1555.654
A1-1	1543.786	B4	1549.543	C4	1542.514
A1-2	1555.086	B5	1548.656	C5	1546.39
A1-3	1538.093	B6	1535.792		
		B7	1539.599		

2）南中区间安装记录（以 30 环为例）

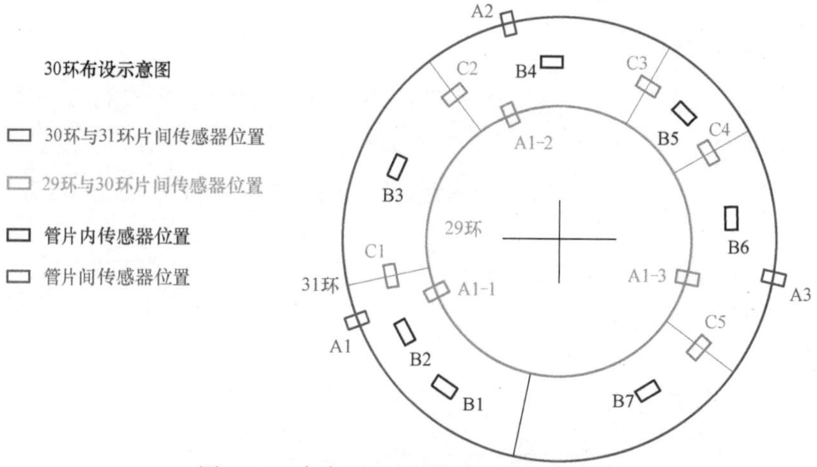

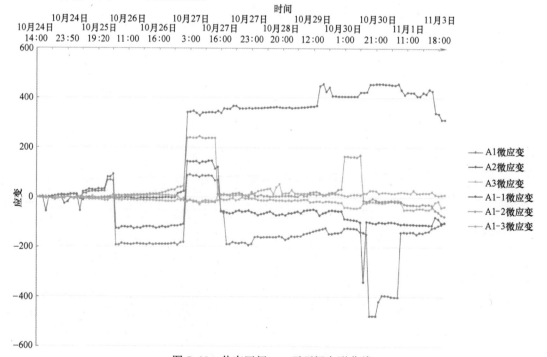

图 7.27　南中区 30 环传感器安装位置图

南中区 **30** 环传安装记录表

表 7.6

环片间传感器编号	初始波长（nm）	管片内传感器编号	初始波长（nm）	管片间传感器编号	初始波长（nm）
A1	1542,7798	B1	1530,0283	C1	1537,918
A2	1549,3673	B2	1534,5553	C2	1547,8193
A3	1535,0692	B3	1544,9324	C3	1556,4912
A1-1	1536,3329	B4	1559,1409	C4	1545,6301
A1-2	1551,2853	B5	1554,175	C5	1532,6008
A1-3	1538,2356	B6	1541,9897		
		B7	1529,9976		

7.2.4　监测结果

1）什南区间 300 环监测数据

图 7.28　什南区间 300 环环间变形曲线

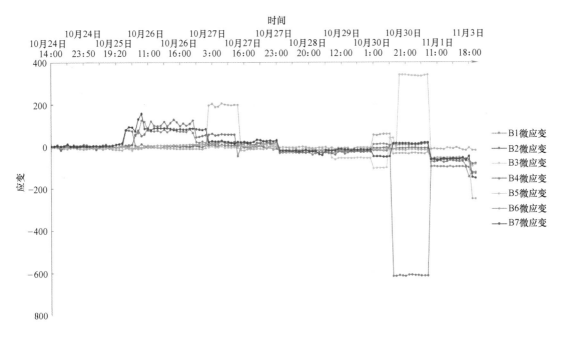

图 7.29 什南区间 300 环管片内变形曲线

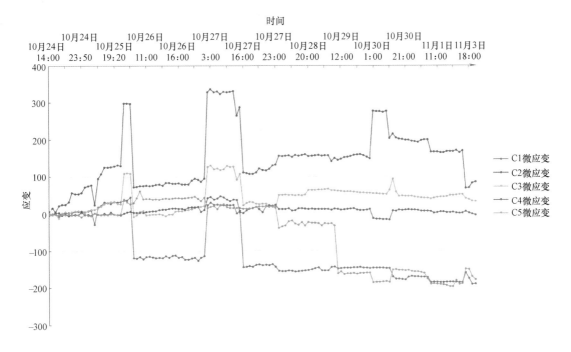

图 7.30 什南区间 300 环管片间变形曲线

2）南中区间 30 环监测数据

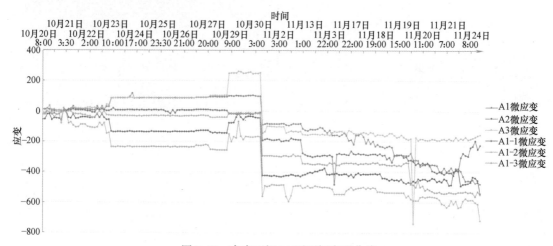

图 7.31 南中区间 30 环环间变形曲线

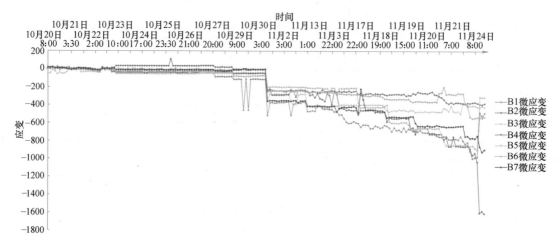

图 7.32 南中区间 30 环管片内变形曲线

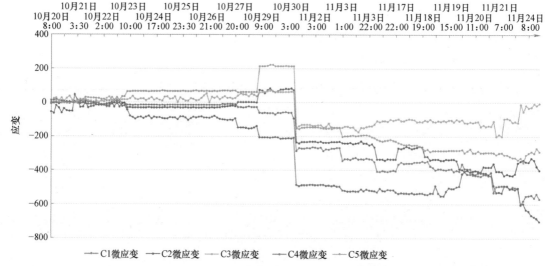

图 7.33 南中区间 30 环管片间变形曲线

7.3 不同重叠度下盾构隧道施工控制技术研究

南—东区间隧道位于北京市东城区，地表环境复杂，周边胡同较多，位于北京市中心繁华地段，叠落段隧道下穿北河胡同 11、13 号院。该院建于 1950 年，距今已有 60 多年历史。开挖过程中，可能引起地面沉降较大，造成房屋开裂。在上洞隧道的推进中从施工方面应更加谨慎施工，尽量减小对上覆土体的扰动，从而安全穿越 11、13 号院。

7.3.1 右线（下洞）隧道先行叠落段时地表沉降控制措施

1）确定并优化盾构掘进参数

由于地层条件及盾构选型等的不同，每个盾构区间实际掘进参数都需要在理论值的基础上进行优化调整，以便达到最优掘进状态。在盾构施工过程中，要争取做到对周围地层及地面的扰动小，超孔隙水压力小，地面变形小，盾尾脱出时的地层瞬间变形小，这些是盾构施工中控制地面沉降的首要条件。要达到上述最优状态，必须在盾构掘进过程中根据隧道埋深、地面荷载、地层条件、地下水情况及盾构姿态等情况，选取合理的参数指导施工。所以必须进行盾构试掘进，同时监测地表变形值，根据实测地表变形值反馈的信息对各施工参数进行不断优化，使之与本区间及盾构机型达到最匹配的状态，从而真正达到优化施工参数的目的。

在盾构施工过程中，各施工参数都不是相互独立的，各参数之间紧密相关，严格控制土仓压力，必须同时严格控制与土仓压力有关的施工参数，施工中应及时调整推进速度和出土量使土仓压力波动较小，降低对周边土体的扰动。

（1）土压力的确定

在盾构法施工过程中，土仓压力的设定是最关键的参数之一，土压设定值如果偏小则导致地面沉降量过大，如果偏大则会导致地层发生过大隆起。在盾构施工准备阶段，采用主动土压力计算方法计算盾构掘进理论土压值，实际掘进过程中土压值一般为理论值的1.3 倍，在试掘进过程中，根据地表监测结果及盾构推力、扭矩等施工参数判断土压设定值是否合适，尽快找出最适合本区间施工的掘进土压，实际施工中，土压受到推进速度、排土量和千斤顶推力等影响会发生波动，因此土压平衡是一种动态的平衡，最优土压值随着上覆土厚度及上覆土的土层情况应时调整，开挖过程中通过控制排土量、推进速度和螺旋出土机转速等实现开挖面的稳定。

（2）做好同步注浆及盾构通过后的二次注浆

在盾构掘进过程中，以适当的注浆压力和注浆量及与地层条件适应的注浆材料等，在盾尾脱出的管片壁后建筑空隙充填足够的浆液材料，这是控制地层变形最重要的措施之一。根据地质条件，确定浆液配比，注浆压力、注浆量及注浆起止时间对同步注浆能否达到预期效果起关键作用。

上文已经提到盾构掘进过程中的单环注浆量，但是计算得出的注浆量只是理论的注浆量，实际施工中，由于盾尾土体本身不密实或者存在空隙，盾构通过对周边土体的扰动等，确定实际注浆量更不易，施工经验表明，在砂卵石地层中合适的注浆量应为理论注浆量的 160%～220%；在粉质土、黏质土地层中合适的注浆量应为理论注浆量的 140%～

180%，在同步注浆时，应根据注浆量和注浆压力两个参数来控制同步注浆是否到位。当注浆量达到目标注浆量时，如果注浆压力接近目标注浆压力，则说明周边土体基本密实；如果注浆压力较低，说明建筑间隙较大，应该增加同步注浆量使其达到目标注浆压力；但是，如果注浆量超出目标注浆量较多，注浆压力依然较低，则说明可能出现跑浆、漏浆等现象，应及时对盾尾或地表周边实地勘察，做出相应处理。造成盾尾漏浆主要原因是盾尾刷磨损、盾尾与管片间的间隙不均匀、衬背注浆压力过高。施工中应经常检查盾尾周边与管片的间隙，控制好盾构机的姿态和管片选型，保持间隙均匀，如果发现盾尾刷磨损较大应及时更换，发现盾尾漏浆较严重时，应使用初凝时间较短的浆液使注浆速凝；如果发现地面漏浆应及时封堵。

注浆压力过大，管片外的土层将会被浆液扰动而造成较大的后期地层沉降及隧道本身的沉降，并易造成跑浆；过小的注浆压力浆液填充速度过慢，填充不充足，也会使地表变形增大。根据大量的施工经验，注浆压力一般取为 1.1～1.3 倍静止土压力。

同步注浆速度应与掘进速度相匹配，按盾构完成一环 1.2m 掘进的时间内完成当环注浆量来确定其平均注浆速度，达到均匀的注浆目的。

由于同步注浆为流动的单液浆液，注入时是完全没有自立性的物体，容易流失到尾隙处的其他部位，因而注入的区域，特别是管片背面的上顶部位很难充填到，加上同步注浆浆液固结时间较长，容易受到地下水的稀释，致使早期强度下降，使得隧道上方土体向未充填到的空隙滑动、坍塌，从而导致地表产生较大的沉降。故需要通过管片上的注浆孔进行二次补浆，二次补浆将有效的控制地表后期沉降，使盾构施工对周边环境的影响降至最小，二次注浆应坚持"少量多次"原则，二次补注浆两环一补，补浆量一般为同步注浆量的 30% 左右，二次注浆压力一般比同步注浆压力高出 0.01～0.03MPa，但是还应参考隧道覆土厚度、地下水的压力及管片的强度进行准确设定。

2）隧道施工关键技术措施

（1）盾构掘进过程中，应严格控制开挖出土量，避免超挖。根据施工经验，出土量应控制在理论出土量的 80%～90%。

（2）保证施工连续性。盾构停止推进时，盾构会发生后退，所以做好施工组织管理，尽量避免盾构停机引起的地表沉降。盾构掘进过程中会由于等待渣土车或拼装管片等情况时盾构短时间暂停掘进，此时应打开盾构自身以气保压的装置来避免盾构后退；如果盾构在施工过程中需要检修或者其他原因不得不较长时间暂停掘进时，必须要采取防止后退的措施，尽可能地减少停止掘进期间盾构后退引起的地表沉降。

（3）保持良好的盾构姿态。盾构施工中盾构应按设计的线路推进，但诸多因素的影响，盾构完全符合设计断面是不可能的，所以盾构施工需要及时纠偏，调整盾构姿态，使其不能偏离设计断面。盾构纠偏应依照"缓纠勤纠"的原则，盾构姿态的变化不宜过大、过频，以降低土层的损失和对周围土体的扰动。

7.3.2 左线（上洞）隧道通过叠落段时地表沉降控制措施

左线隧道位于右线隧道上方，左线隧道的施工将会对地表产生二次扰动，使原本已经或基本稳定的土体再次松动，导致地表二次变形，同时，上部隧道的施工也会对先建的下部隧道产生影响，可能引起下部隧道管片的变形、上浮等，由于两条隧道之间相对距离很小，甚至可能引起下部隧道管片的破损、裂缝、严重错台等。为了将上部隧道的施工对下部隧道及地表变形的影响降至最小，施工中采取了一系列控制措施。

1）先行隧道设置临时支撑台车系统

上部隧道施工对下部隧道产生先卸载后加载的作用，为避免临时卸载引起的下部隧道管片变形及后加载对管片产生的挤压破坏，需在上部隧道掘进时在下部隧道设置临时支撑台车系统来保护下部隧道及地表环境。

台车走行部分应保证足够的刚度，避免管片变形过大。上部盾构操作室必须与移动台车随时保持相互联系，支撑台车需超前上线盾构机一定距离，台车支撑部分长度约是29m，保持与上线隧道掘进同步跟进，必须提供持续支撑。施工中应加大支撑台车的支撑轴力检测频率，当支撑轴力超过预警值时，应立即停止推进，查明原因及时处理后方可继续推进。

临时支撑台车直径5.4m，台车总长29m，台车间隔1m设置一道支撑，每道支撑由9点钟方向、11点钟方向、12点钟方向、1点钟方向和3点钟方向位共计5个轮式支撑组成，该台车采用液压油缸作车组顶推、橡胶轮作隧道支点，保证每环管片均有支点柔性支撑，随着上部隧道盾构掘进下部隧道支撑台车同步移动，支撑台车在液压系统驱动下，保证能够不卸力移动。临时支撑台车如图7.34～图7.37所示。

图7.34　下部隧道临时支撑台车　　　　图7.35　临时支撑台车橡胶轮近照

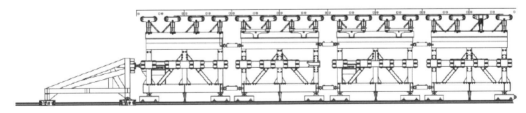

图7.36　临时支撑台车纵剖面

2）隧道间土体加固措施

在施工过程中，盾构隧道掘进会对上下洞间所夹土体产生扰动；在后期隧道运营阶段，由于上下洞相对间距很小，上洞列车的振动也会对夹层土体产生扰动，可能对上盾构隧道的长期变形和稳定性产生一定影响，如管片变形、夹层土体松动引起隧道整体位移、地表下沉等。为保证后施工的上洞隧道施工安全及后期的运营安全，必须对隧道间土

体进行改良和加固，加固后的地层应具有良好的均匀性和
自立性。

具体加固措施如下：由于同步注浆及二次补浆的加固
范围有限，在拱部管片中需增设预留注浆孔，下洞每环 5
个，上洞每环 2 个，注浆加固范围两线最邻近处 120°范围
内、衬砌外 3m 线以内的土体，每个注浆孔打入一根长
1.5m，ϕ42mm 的钢花管深入地层中，通过钢花管向上下
洞间所夹土体进行注浆，以提高夹层土体的强度和密实度。
在下部隧道重叠段施工完毕后，应从下部隧道对夹层土体

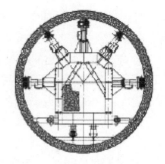

图 7.37　临时支撑台车横剖面

进行注浆加固，而在上部隧道施工时也应从上部隧道对夹层土体注浆加固。

层间土体加固浆液采用水泥-水玻璃双液浆，注浆压力为 0.3～0.5MPa，逐环进行加
固。上下洞隧道相对位置关系如图 7.38 所示，上下洞隧道土体加固示意图如图 7.39
所示。

图 7.38　上下洞隧道相对位置关系

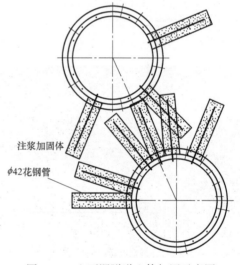

注浆加固体

ϕ42花钢管

图 7.39　上下洞隧道土体加固示意图

3）结构加强措施

由于上下洞之间的相互影响，需对上下洞的衬砌结构做加强处理。考虑到盾构直径及
隧道净空已经不能改变，盾构管片厚度、宽度均与单洞情况相同，采用通用的厚 300mm，
分为每环 6 块的 1200mm 宽管片，通过加大管片配筋和加强管片之间的连接螺栓，来满
足管片的各项受力要求。上洞管片加强措施：对管片主筋进行加强，主筋采用 12ϕ20mm；
下洞管片加强措施：对管片主筋及分布筋均进行加强，主筋采用 8ϕ20mm＋4ϕ22mm，分
布筋采用 ϕ12mm；管片连接螺栓加强措施：上下洞、环纵向均采用 M27、8.8 级连接螺
栓，管片采用错缝拼装方式。

为防止上洞隧道开挖对已开挖隧道产生较大影响及纵向位移差异对下洞隧道的影响，
需对隧道的纵向刚度加强。在下洞已开挖隧道靠近开挖面 40m 范围管片设置纵向加强肋。
加强肋采用双拼 18a 槽钢用钢板焊接成型，然后用螺栓将其与管片的预留注浆孔连接，从
而将隧道纵向连接起来，以加强隧道纵向刚度，保证隧道整体性良好。纵向加强肋设置如

图 7.40 所示。

图 7.40　下洞隧道内纵向加强肋设置

第8章 主要结论与创新点

本书以北京地铁 6 号线以及 8 号线已施工完成的叠落式隧道实际工程为依托，针对小近距、任意布置双孔隧道开挖问题通过数值模拟结果和现场实测结果进行研究对比分析，得出主要结论如下：

（1）综合以上分析认为在不同种类（粉土、砂土、粗粒土）土，不同状态下（饱水状态、干燥状态、天然状态）的不同的试验（三轴压缩、剪切）中均表现出变形随着侧向约束力的增大而减小。土体在横向上（粉土、砂土、粗粒土）均表现出土体黏聚力的大小随着含水率（干燥状态、天然状态、饱水状态）的增大而减小。土体在纵向上土体黏聚力的大小随土颗粒增大而增大。

（2）随含水率变化，土体的内摩擦角 φ 会产生微小变化，但在不同的土中变化不尽相同。但是在饱和度 0～1 之间必存在最优值使内摩擦角达到最大。不同土样的试验中均表现出天然状态与饱水状态的变形曲线走势基本相同，干燥状态下，土样的抗压性能明显高于天然和饱水两种状态，且其曲线峰前峰后的变化较大，峰值更为明显。土的抗压性能随土体颗粒的变大而不断增高。

（3）不考虑地表荷载和位移，在洞室周边施加均布径向荷载的半无限平面内单圆孔开挖弹性问题的应力解和任意布置双孔洞的弹性问题的解析解的基础上，采用 Schwarz 交替法和复变函数法对半无限平面中任意布置双孔隧道开挖问题进行弹性解析。通过理论研究对于理解浅埋双孔隧道的变形有一定帮助，对于数值模拟影响因素的设定具有一定指导作用。

（4）利用有限差分法 FLAC^{2D} 软件对任意布置双孔隧道进行了模拟分析。通过对仅考虑间距和角度的 99 种不同工况的结果进行分析，得出：当浅埋双孔隧道水平布置，两隧道净间距较小时，二者之间的相互影响特别大；当净间距小于 2m（即为 $\frac{1}{3}D$，其中 D 为隧道直径）时，地表沉降最大值会突降很多，此时隧道的设计施工将会冒很大风险，应避免设计如此小近距工况，若不可避免，应加强现场监测，在必要情况下对隧道开挖随处围岩进行预加固处理。当净间距大于 $\frac{1}{3}D$ 时，随着间距的增大，地表沉降最大值逐渐降低。当两隧道为小近距时，随角度增大地表沉降最大值快速减小，间距为 9～15m 这一区域段对布置角度的改变不太敏感。此间距区域段比较适合左右线隧道先呈叠落状，左线在右线之上，随后左右线隧道逐渐分离，并最终平行工况下隧道的设计施工。

（5）在净间距为 $\frac{1}{6}D\sim\frac{1}{3}D$ 内对角度的改变特别敏感，应避免在此区域内改变角度。

当净间距小于 D 时对角度比较敏感。随着间距的增大，角度对两隧道的相互影响逐渐减小。但是在间距较大时，大角度的布置会产生较大的地表沉降，此工况可能是由于位于下方的隧道埋深过大导致的。在角度 40°～60°这一区间对双孔隧道之间相互影响比较大，特别是小近距双孔隧道。

（6）通过使用 FLAC^{3D} 软件对北京地铁 8 号线什刹海—南锣鼓巷区间的 4 种工况进行模拟计算，分析不同深度地层沉降并将隧道变形情况与实际监测结果进行比对，发现模拟结果与实际监测结果基本吻合，但有所偏差，所以可以用数值模拟软件对整个隧道施工过程进行一个预测；同时将地表沉降数据与 Peck 公式进行拟合，可以得出在建立 4 种工况下的沉降槽宽度以及最大沉降值，这对以后研究叠落隧道可以提供一定经验。

（7）通过分析北京地铁 6 号线南锣鼓巷站至东四站区间现场实测结果对地表沉降分布规律进行了研究，对小近距、任意布置浅埋双孔隧道数值模拟对地表沉降规律研究的合理性进行验证。表明小近距、任意布置浅埋双孔隧道数值模拟对地表沉降规律的研究及以后任意布置浅埋双孔隧道的设计施工和后续进行的更系统的研究具有一定的参考意义。

本书研究的创新点：小近距长距离重叠隧道的重叠度划分、合理施工顺序、最小近距、盾构隧道动态施工力学响应等。

参 考 文 献

[1] 赵尚毅，郑颖人，邓卫东. 用有限元强度折减法进行节理岩质边坡稳定性分析 [J]. 岩石力学与工程学报，2003 (2)：254-260.

[2] 陈先国，王显军. 近距离重叠隧道的二维和三维有限元分析 [J]. 西南交通大学学报，2003 (6)：643-646+702.

[3] 黄欣，贾宝新，李祁，聂颖，罗浩. 地铁盾构分岔式隧道数值模拟及应用 [J]. 辽宁工程技术大学学报（自然科学版），2013，32 (7)：943-946.

[4] 王明年，张晓军，苟明中，崔光耀. 盾构隧道掘进全过程三维模拟方法及重叠段近接分区研究 [J]. 岩土力学，2012，33 (1)：273-279.

[5] 林刚. 地铁重叠隧道施工顺序研究 [J]. 现代隧道技术，2006 (6)：23-28.

[6] 王红伟. 地铁8号线暗挖车站下穿热力小室上穿地铁6号线的风险控制 [J]. 铁道建筑技术，2013 (6)：35-38.

[7] 金明，司翔宇，杨平. 地铁隧道盾构施工参数对地表沉降影响的试验研究 [J]. 现代城市轨道交通，2009 (5)：32-34，5.

[8] 张连凯，张海波，李刚. 长距离叠交隧道施工过程三维有限元模拟研究 [J]. 力学季刊，2005 (3)：416-422.

[9] 黄宏伟，张冬梅. 盾构隧道施工引起的地表沉降及现场监控 [J]. 岩石力学与工程学报，2001 (S1)：1814-1820.

[10] 万宗祥，董汉军，蒲诃夫. 盾构穿越沉降敏感区段的沉降监测及分析 [J]. 华中科技大学学报（城市科学版），2010，27 (1)：70-74.

[11] 张成平，张顶立，王梦恕，黄俊. 浅埋暗挖重叠隧道施工引起的地层变形分析 [J]. 岩石力学与工程学报，2008 (S1)：3244-3250.

[12] 梁晓丹，刘刚，赵坚. 地下工程压力拱拱体的确定与成拱分析 [J]. 河海大学学报（自然科学版），2005 (3)：314-317.

[13] 董艳辉，李晓，董树国，杜国栋. 京承高速公路新道沟连拱隧道的优化设计 [J]. 工程地质学报，2005 (4)：525-529.

[14] 周斌. 近接盾构隧道力学行为与近接分区研究 [D]. 成都：西南交通大学，2009.

[15] 凌昊，郑余朝，仇文革，等. 深圳地铁重叠隧道列车振动响应测试与数值分析 [J]. 城市轨道交通研究，2010，13 (8)：49-53，58.

[16] 宋成辉. 软土地层地铁盾构通用环管片结构设计研究 [J]. 地下空间与工程学报，2011，7 (4)：733-740.

[17] 郑颖人，赵尚毅. 用有限元强度折减法求边（滑）坡支挡结构的内力 [J]. 岩石力学与工程学报，2004 (20)：3552-3558.

[18] 赵旭峰，王春苗，孙景林，等. 盾构近接隧道施工力学行为分析 [J]. 岩土力学，2007 (2)：409-414.

[19] 朱伟，胡如军，钟小春. 几种盾构隧道管片设计方法的比较 [J]. 地下空间，2003 (4)：352-356-453.

[20] 何川，苏宗贤，曾东洋. 盾构隧道施工对已建平行隧道变形和附加内力的影响研究 [J]. 岩石力学与工程学报，2007 (10)：2063-2069.

[21] 杨广武，关龙，刘军，等. 盾构法隧道下穿既有结构三维数值模拟分析 [J]. 中国铁道科学，

2009 (6)：54-60.

[22] 史亚军. 盾构二次穿越既有城铁车站的沉降预测及控制技术 [D]. 北京：北京工业大学，2006.

[23] 方勇，何川. 盾构法修建正交下穿地铁隧道对上覆隧道的影响分析 [J]. 铁道学报，2007，29 (2)：83-88.

[24] 张飞进. 地铁工程中盾构施工对既有结构影响研究 [D]. 北京：北京工业大学，2006.

[25] 王彦臻，黄达，李峰. 城市地铁穿越既有线路的变形控制技术及效果 [J]. 都市快轨交通，2009，22 (3)：46-49.

[26] 王军民，刁志刚，李春剑. 复杂地层双洞交叠隧道工况分析与施工技术 [J]. 西部探矿工程，2010，22 (1)：108-110，113.

[27] 高峰，关宝树，仇文革，等. 列车荷载作用下地铁重叠隧道的响应分析 [J]. 西南交通大学学报，2003 (1)：38-42.

[28] 关宝树. 隧道力学概论 [M]. 成都：西南交通大学出版社，1993.

[29] 曾晓清，孙钧，曹志远. 隧道工程施工过程中的力学分析 [J]. 同济大学学报，1998 (5)：512-515.

[30] 仇文革. 地下工程近接施工力学原理与对策研究 [D]. 成都：西南交通大学，2003.

[31] 吴健强. 地铁单洞双层重叠隧道合理施工方法研究 [J]. 铁道建筑技术，2009 (5)：48-49.

[32] 扈森，李德才，刘建国，等. 地铁重叠隧道设计与施工关键技术 [R]. 成都：中铁二院工程集团有限公司，2007.

[33] 张文强. 重叠隧道施工对桩基托换区的沉降影响分析 [J]. 隧道建设，2006，26 (1)：56-58.

[34] 曾爱军. 广州地铁砂—凤重叠隧道设计与施工技术 [J]. 科技资讯，2008 (4)：41-42.

[35] 张厚美. 盾构隧道的理论研究与施工实践 [M]. 北京：中国建筑工业出版社，2010.

[36] 徐永福. 盾构推进引起地面变形的分析 [J]. 地下工程与隧道，2000，27 (1)：21-25.

[37] 徐永福，孙钧. 隧道盾构掘进施工对周围土体的影响 [J]. 地下工程与隧道，1999，26 (2)：9-13.

[38] 刘洪洲，孙钧. 土压平衡盾构与地层沉降的根源及影响因素分析 [J]. 岩土工程师，2002，14 (2)：39-43.

[39] 王启耀，郑永来，等. 近距离双线盾构隧道施工相互影响的监测与分析 [J]. 地下空间，2003，23 (3)：229-233.

[40] 陶龙光，刘波，丁城刚，等. 盾构过地铁车站施工对地表沉降影响的数值模拟 [J]. 中国矿业大学学报，2003，32 (3)：5.

[41] 孙钧，刘洪洲. 交叠隧道盾构法施工土体变形的三维数值模拟 [J]. 同济大学学报：自然科学版，2002，30 (4)：379-385.

[42] 陈先国，高波. 重叠隧道的施工力学研究 [J]. 岩石力学与工程学报，2003，22 (4)：606-610.

[43] 黄俊，张顶立. 地铁重叠隧道上覆地层变形的数值模拟 [J]. 岩石力学与工程学报，2005，24 (12)：2176-2182.

[44] 陈卫军，朱忠隆. 近距离交叠隧道研究现状及评析 [J]. 现代隧道技术，2002，39 (1)：42-47.

[45] 张海波. 地铁隧道盾构法施工对周围环境影响的数值模拟 [D]. 南京：河海大学，2005.

[46] 张晓军. 小间距盾构重叠隧道安全施工控制技术研究 [D]. 成都：西南交通大学，2010.

[47] 赵书银. 重叠盾构隧道施工数值模拟与施工对策分析 [J]. 建筑施工，2010，32 (2)：118-121.

[48] 刘波，韩彦辉. FLAC 原理、实例与应用指南 [M]. 北京：人民交通出版社，2005.

[49] 郭晨. 近距离重叠盾构隧道施工影响的数值模拟 [D]. 成都：西南交通大学，2009.

[50] 石山. 上下重叠盾构隧道管片内力数值计算分析 [J]. 铁道标准设计，2009，53 (9)：19-22.

[51] 袁金秀，王道远，李栋. 北京地铁 6 号线下穿既有 4 号线区间盾构隧道施工技术 [J]. 城市轨道

交通研究，2012（3）：82.

[52] 刘大刚，陶德敬，王明年. 地铁双隧道施工引起地表沉降及变形的随机预测方法 [J]. 岩土力学，2008，29（12）：3422-3426.

[53] 李磊，张孟喜，吴惠明，等. 近距离多线叠交盾构施工对既有隧道变形的影响研究 [J]. 岩土工程学报，2014，36（6）：1036-1043.

[54] 张云，殷宗泽，徐永福. 盾构法隧道引起的地表变形分析 [J]. 岩石力学与工程学报，2002，21（3）：388-392.

[55] 刘清文，赵磊. 北京地铁6号线盾构区间叠落隧道设计思考 [J]. 都市快轨交通，2014，27（4）：67-73.

[56] 梁晓丹，宋宏伟，赵坚. 隧道压力拱与围岩变形关系 [J]. 西安科技大学学报，2008，28（14）：647-650.

[57] 北京市勘察设计研究院有限公司. 地铁建设引起的地层位移及结构变形预测的实用方法研究 [R]. 2008.

[58] 郑余朝，仇文革. 重叠隧道结构内力演变的三维弹塑性数值模拟 [J]. 西南交通大学学报，2006（3）：376-380.

[59] 乐贵平，贺少辉，罗富荣，等. 北京地铁盾构隧道技术 [M]. 北京：人民交通出版社，2012.

[60] 方东明，李平安. 小间距长距离上下重叠盾构隧道施工关键技术 [J]. 隧道建设，2010，30（3）：309-312.